汽车类专业工学结合规划教材

汽车故障诊断与排除

主　审　吴文民
主　编　邱小龙　刘言强
副主编　吴长青　陈小虎　张文杰

苏州大学出版社

内 容 简 介

本教材系统地介绍了汽车故障诊断与排除技术。以具体项目任务为教学主线,以实验实训场所为平台,将理论教学与技能操作训练有机结合,采用"项目教学法"完成课程的理论实践一体化教学,通过教、学、练紧密结合,突出学生实际操作能力、设计能力和创新能力的综合培养。本教材主要包括:汽车故障诊断基础知识的了解、启动系统与充电系统故障的诊断与排除、汽油发动机供油系统故障的诊断与排除、进气系统故障的诊断与排除、点火系统故障的诊断与排除、冷却系统与润滑系统故障的诊断与排除、排放控制系统故障的诊断与排除、传动系统故障的诊断与排除、行驶系统与转向系统故障的诊断与排除、制动系统故障的诊断与排除等。

本教材图文并茂、深入浅出、通俗易懂,可作为高职高专院校汽车类专业的教材,也可供汽车类专业培训和汽车维修技术人员使用。

图书在版编目(CIP)数据

汽车故障诊断与排除 / 邱小龙,刘言强主编. —苏州:苏州大学出版社,2018.12

汽车类专业工学结合规划教材

ISBN 978-7-5672-2702-6

Ⅰ.①汽⋯ Ⅱ.①邱⋯ ②刘⋯ Ⅲ.①汽车-故障诊断-教材②汽车-故障修复-教材 Ⅳ.①U472.4

中国版本图书馆 CIP 数据核字(2018)第 293895 号

书　　名	汽车故障诊断与排除
主　　编	邱小龙　刘言强
责任编辑	周建兰
装帧设计	吴　钰
出版发行	苏州大学出版社(Soochow University Press)
社　　址	苏州市十梓街 1 号　邮编:215006
网　　址	www.sudapress.com
电子邮箱	sdcbs@suda.edu.cn
印　　装	苏州工业园区美柯乐制版印务有限责任公司
邮购热线	0512-67480030
网店地址	https://szdxcbs.tmall.com/(天猫旗舰店)
开　　本	787mm×1092mm　1/16　印张:8.75　字数:202 千
版　　次	2018 年 12 月第 1 版
印　　次	2018 年 12 月第 1 次印刷
书　　号	ISBN 978-7-5672-2702-6
定　　价	25.00 元

凡购本社图书发现印装错误,请与本社联系调换。服务热线:0512-65225020

前言

  本书是遵照教育部高职高专教材建设的要求,从人才培养目标的实际出发,紧紧围绕培养高等技术应用型人才的要求,以应用为目的,以能力为本位,以学生为中心,以就业为导向。全书在总结实际教学经验的基础上采用任务驱动、项目导向的模式构建新课程体系,理论教学与技能训练有机融合,系统性与模块化有机融合,突出了理论教学与实践教学一体化的特点,具有较强的实用性。

  本书图文并茂,通俗易懂,简明实用,由浅入深,深浅适度,符合高职高专学生的心理特点。本书在内容的选择上,注重理论与实践的紧密结合,注重岗位对人才知识、能力的要求,较多地反映了新知识、新技术、新工艺、新方法的内容。理论知识以够用为度,技能训练面向岗位需求,反映教学改革的新成果。

  本书主要内容有:汽车故障诊断基础知识的了解、启动系统与充电系统故障的诊断与排除、汽油发动机供油系统故障的诊断与排除、进气系统故障的诊断与排除、点火系统故障的诊断与排除、冷却系统与润滑系统故障的诊断与排除、排放控制系统故障的诊断与排除、传动系统故障的诊断与排除、行驶系统与转向系统故障的诊断与排除、制动系统故障的诊断与排除等。

  本书适合作为各类职业院校汽车相关专业学生的教材和教师的阅读参考用书,同时也可作为相关行业岗位培训或自学用书。

  本书提供丰富的数字化资源,可登录苏州大学出版社教育资源平台(http://www.sudajy.com)下载,也可直接到苏州大学出版社门户网站下载中心(http://www.sudapress.com/Pages/ResourceCenter.aspx)下载。

  本书由邱小龙、刘言强担任主编;由吴长青、陈小虎和张文杰担任副主编;参加编写的人员还有江苏陆地方舟新能源电动汽车有限公司高级工程师冒亚萍、昆山锦隆汽车贸易有限公司技术总监陈如刚、昆山利星奔驰汽车服务有限公司总经理黄立峰、昆山市机动车维修行业协会秘书长余林。在编写本书时参阅了许多国内外公开出版与发表的著作、文献,在此谨向原作者表示衷心的感谢。

  限于编者的经历和水平,书中难免有不妥和错误之处,恳请读者提出宝贵意见,以便再版时修改。

目 录

项目一 **汽车故障诊断基础知识的了解** …………………………………… 001
  任务一 汽车故障形成原因的了解 …………………………………… 001
  任务二 汽车故障的分类与诊断 …………………………………… 005
  任务三 汽车故障诊断基本程序的了解 …………………………………… 012
  任务四 汽车故障诊断注意事项的掌握 …………………………………… 014
  学后测评 …………………………………… 015

项目二 **启动系统与充电系统故障的诊断与排除** …………………………………… 017
  任务一 启动系统故障的诊断与排除 …………………………………… 017
  任务二 充电系统故障的诊断与排除 …………………………………… 023
  学后测评 …………………………………… 029

项目三 **汽油发动机供油系统故障的诊断与排除** …………………………………… 031
  任务一 燃油系统无油故障的诊断与排除 …………………………………… 031
  任务二 供油系统常见故障的诊断与排除 …………………………………… 037
  学后测评 …………………………………… 042

项目四 **进气系统故障的诊断与排除** …………………………………… 044
  任务一 发动机怠速不良故障的诊断与排除 …………………………………… 044
  任务二 进气系统常见故障的诊断与排除 …………………………………… 050
  学后测评 …………………………………… 055

项目五 **点火系统故障的诊断与排除** …………………………………… 056
  任务一 点火系统无高压火故障的诊断与排除 …………………………………… 056

任务二　点火系统常见故障的诊断与排除 ………………………… 061
　　学后测评 …………………………………………………………… 066

项目六　冷却与润滑系统故障的诊断与排除 …………………………… 068
　　任务一　冷却系统故障的诊断与排除 …………………………… 068
　　任务二　润滑系统故障的诊断与排除 …………………………… 073
　　学后测评 …………………………………………………………… 077

项目七　排放控制系统故障的诊断与排除 ………………………………… 080
　　任务一　排放控制系统常见故障的诊断与排除（一） ………… 080
　　任务二　排放控制系统常见故障的诊断与排除（二） ………… 086
　　学后测评 …………………………………………………………… 091

项目八　传动系统故障的诊断与排除 ……………………………………… 093
　　任务一　离合器故障的诊断与排除 ……………………………… 093
　　任务二　手动变速器故障的诊断与排除 ………………………… 097
　　任务三　自动变速器故障的诊断与排除 ………………………… 101
　　任务四　万向传动装置故障的诊断与排除 ……………………… 107
　　任务五　驱动桥故障的诊断与排除 ……………………………… 109
　　学后测评 …………………………………………………………… 113

项目九　行驶系统与转向系统故障的诊断与排除 ………………………… 115
　　任务一　行驶系统故障的诊断与排除 …………………………… 116
　　任务二　转向系统故障的诊断与排除 …………………………… 118
　　学后测评 …………………………………………………………… 123

项目十　制动系统故障的诊断与排除 ……………………………………… 125
　　任务　　制动系统常见故障的诊断与排除 ……………………… 125
　　学后测评 …………………………………………………………… 130

汽车故障诊断基础知识的了解

项目描述

汽车在使用过程中,由于各种各样的原因,其技术状况不可避免地会发生改变,汽车故障也就随之出现了。有的汽车故障是突发形成的,而有的是逐渐形成的。随着汽车电子技术的飞速发展,汽车故障诊断与维修技术也有了很大的进步,这就要求汽车维修人员必须具备一定的故障诊断方面的知识和技能。

汽车故障诊断基础知识主要包括:汽车故障形成的原因、汽车故障的分类和诊断方法、汽车故障诊断的基本程序以及汽车故障诊断过程中的注意事项。

学习目标

1. 知识目标

(1) 了解汽车故障的形成原因。
(2) 了解汽车故障的分类。
(3) 熟悉汽车故障的诊断方法。
(4) 掌握汽车故障诊断的基本程序。
(5) 掌握汽车故障诊断的注意事项。

2. 技能目标

(1) 熟悉汽车故障诊断的问诊程序。
(2) 熟悉所要操作的车辆及相关仪器。
(3) 能初步判断出故障原因。

任务一　汽车故障形成原因的了解

任务目标

能够对汽车故障原因进行分层归类。

必备知识

汽车故障是指汽车部分或完全丧失工作能力的现象,其实质是汽车零件本身或零件之间的配合状态发生了异常的变化。汽车在使用过程中出现故障,其原因既有主观方面的,也有客观方面的。主观方面主要包括设计制造、材料选择、自然老化、装配关系等;客观方面主要包括工作条件、使用情况与维护情况等。

形成汽车故障的主要因素有外部因素和内部因素:其中外部因素主要有环境因素、人为因素和时间因素,而内部因素主要有物理、化学或机械的变化因素,内部因素又被称为故障机理。

一、汽车故障形成的外部因素

外界施加于汽车上的各种环境条件均称为环境因素。环境因素包括各种力、温度、湿度、产生的震动、外界污染物等,这些环境因素将以各种能量的形式对汽车产生作用,并使机件发生磨损、变形、裂纹以及腐蚀等各种形式的损伤,最终导致汽车发生故障。同时,外部因素还包括人为因素和时间因素。

环境因素、人为因素、时间因素对汽车的主要影响如表1-1所示。

表1-1 影响汽车故障的各种外部因素

环境因素	人为因素	时间因素
机械能损伤:震动、冲击、压力、加速度、机械应力等	设计制造:设计缺陷、装配工艺、装配水平	自然老化:橡胶及塑料零部件的老化、内饰的老化等
热能损伤:高温老化、氧化、软化、熔化等	维修保养不当:保养不及时、保养人员工作不到位、故障维修水平不够	磨损及疲劳:摩擦表面的自然磨损、循环工作的元件开闭次数等
化学能损伤:受潮、腐蚀、化学污染等	操作使用:驾驶人员的不良驾驶行为、使用人员对汽车功能的不了解等	应力变化:底盘运动协作部件、有支撑作用的部件等

二、汽车故障形成的内部因素

根据机械零件的类型、使用环境和故障表现形式,汽车故障形成的内部因素通常可以归纳为磨损、变形、断裂、裂纹和腐蚀等。

1. 磨损

磨损是指由于摩擦而使相对运动的零件表面不断损耗、配合间隙增大的现象。磨损是汽车零件损坏的主要原因。根据零件表面损失的机理,磨损又可以分为磨料磨损、粘着磨损、疲劳磨损、腐蚀磨损四种。

(1)磨料磨损:在金属表面,由于硬质固体颗粒使相对运动的零件表面产生磨损,称为磨料磨损。这些硬质固体颗粒称为磨料。

易发生磨料磨损的部位主要有气缸壁、曲轴颈、凸轮轴凸轮表面、气门挺杆等。

(2)黏着磨损:是指金属表面因高温导致的金属局部熔化,发生转移黏附到相接触的零件表面上的现象。黏着磨损会在材料表面发生划擦、撕脱、咬合现象。

黏着磨损是破坏性极强的磨损,黏着磨损一旦发生,便能在很短时间对零件表面造成严重损坏,从而使相应机构的功能立即丧失。在汽车零件中,产生黏着磨损的典型实例是"拉缸"和"烧瓦"。

(3) 疲劳磨损：是指在长时间交变载荷的作用下,金属表面产生裂纹、金属剥落凹陷的现象。

汽车上轮毂轴承处滚道金属剥落、变速箱内啮合齿轮表面出现的金属裂纹和剥落、发动机配气凸轮表面出现的金属裂纹和剥落均是疲劳磨损的典型实例。

(4) 腐蚀磨损：是指零件的材料与周围介质发生物理、化学作用,在腐蚀和摩擦共同作用下导致零件表面物质的损失。实际上,任何摩擦副都存在腐蚀磨损,其磨损速度主要受腐蚀介质的影响。

2. 变形

变形是指在外部载荷以及内部应力作用下,机件的形状和尺寸发生变化的现象。变形又可分为弹性变形和塑性变形两种。

(1) 弹性变形：是指机件在外载荷消除后变形自行消失,恢复到原来形态的情况。例如,汽车上的一些弹簧以及轮胎的变形均为弹性变形。

(2) 塑性变形：是指机件在外载荷消除后变形依然存在,不能恢复到原来形态的情况。例如,汽车在碰撞时产生的车身变形等。

3. 断裂

断裂是指机件在承受较大静载荷、动载荷、达到材料的强度极限值或疲劳极限值时,零件断成两部分或多部分的现象。断裂是一种最危险的零件破坏形式,往往造成严重的机械事故。断裂又可分为疲劳断裂、静载断裂和环境断裂三种情况。

(1) 疲劳断裂：是指在交变载荷作用下,经历反复多次应力循环后发生的断裂。汽车零件的断裂故障中,60%~80%属于疲劳断裂。

(2) 静载断裂：是指机件在恒定载荷或一次冲击作用下,外部载荷超过了材料的强度极限值,机件发生断裂的现象。

(3) 环境断裂：是指机件在腐蚀环境中,材料表面或裂纹前端经过氧化、腐蚀或其他过程,使断裂表面的强度下降所导致的断裂现象。

4. 裂纹

裂纹是指机件表面出现局部断裂的现象。裂纹的发展过程分为裂纹产生、裂纹扩展和最终裂纹三个阶段。裂纹属于可挽救故障,断裂属于不可挽救故障。裂纹的形态和成因都很复杂,其类型很难区分。为了讨论方便,可将裂纹分为工艺裂纹和使用裂纹两种。

(1) 工艺裂纹：主要是指铸造裂纹、锻造裂纹、焊接裂纹、热处理裂纹和磨削裂纹五种,也常指还未使用就已经产生的裂纹。

(2) 使用裂纹：是指机件在实际使用过程中产生的裂纹,主要有疲劳裂纹、应力腐蚀裂纹和蠕变裂纹三种。

5. 腐蚀

腐蚀是指金属机件表面与周围介质起化学或电化学作用而发生的表面破坏现象。腐蚀损伤总是从金属表面开始,然后或快或慢地往里深入,并使表面的外形发生变化,出现不规则形状的凹坑、斑点等破坏区域。根据腐蚀机理的不同,腐蚀可分为化学腐蚀、电化学腐蚀两种。

(1) 化学腐蚀:是指金属与外部介质直接发生化学反应而引起零件表面不断腐蚀、脱落的过程。外部介质多数为非电解质溶液,如干燥空气、有机液体、汽油、润滑剂等。

(2) 电化学腐蚀:是指由金属外表面与周围电解质发生电化学作用而产生电流的腐蚀现象。如金属在酸、碱、盐溶液及潮湿空气中的腐蚀就属于这类腐蚀。两种金属相当于一对电极,形成微电池,产生电化学反应,使得阴极金属因有电子流向阳极而受到腐蚀。例如,汽车电气设备中的铜制接头或螺柱与车身车架的紧固处,与水接触就构成微电池,使车架本身遭受腐蚀;铜制节温器与其铝外壳之间的电化学腐蚀等。

三、汽车故障的表现

现代汽车结构复杂,故障多种多样,对其归纳分类,有助于对故障成因和部位进行诊断。

1. 工况异常

工况异常是指汽车的工作状况突然出现了不正常现象,这是比较常见的故障症状。例如,发动机突然熄火后再次启动困难,甚至不能启动;发动机在行驶过程中动力性突然下降,行驶无力;水箱开锅;制动跑偏;转向沉重;转向灯不亮;等等。有些故障现象明显,容易察觉,但其原因复杂,而且往往是由渐变到突变,涉及较多的系统。如启动困难的故障,其原因涉及发动机启动系统、点火系统、供给系统及机械部分。因此,在诊断时应认真分析突变前有无可疑现象,去伪存真,判明故障的位置。

2. 声响异常

有些故障,往往可以引起汽车发动机或底盘部分的不正常响声,这种故障症状明显,一般可及时发现。一些声响异常的故障往往能酿成大事故,因此要认真对待。经验表明,凡响声沉重,并伴有明显震抖现象的故障多为恶性故障,应立即停机,查明原因。一般地,原因不同,响声也就不同,在判断时,正确分辨、仔细查听,出现异响部位预示着配合零件可能装配不当、零件变形、配合副磨损造成配合副间隙不正常等。

3. 温度异常

过热现象通常表现在发动机、变速器、驱动桥、制动器等总成以及一些电器元件上。在正常情况下,无论汽车工作多长时间,这些系统、机构的温度均应保持在一定的工作范围内,超过这个工作范围,即为温度异常。如载重车发动机冷却系统正常温度为 80 ℃~90 ℃、轿车发动机冷却系统正常温度为 85 ℃~115 ℃,超过此温度范围为发动机过热。对于变速器、主减速器、制动器、电器元件,这些部位正常的工作温度为 50 ℃左右,若用手触试感到烫手难忍,即表明该处过热。

4. 排气异常

发动机在工作过程中,正常的燃烧生成物是 CO_2 和水蒸气,烟雾应无明显的颜色。若燃烧不正常,烟雾的颜色将发生改变,即通常所说的汽车冒黑烟、蓝烟、白烟。冒黑烟主要是燃料燃烧不完全,含有大量的碳粒、碳氢化合物、CO;冒蓝烟主要是因为机油进入燃烧室燃烧所致;冒白烟是因为燃油中进水。排气异常已成为发动机故障诊断的重要依据。

5. 消耗异常

燃料、润滑油消耗异常也是一种故障现象,燃油消耗增多,一般为发动机工作不良或底盘(传动系统、制动系统)调整不当所致。润滑油消耗异常,除了渗漏原因外,多为发动机存在故障,同时若伴有冒蓝烟,一般为润滑油进入燃烧室被燃烧所致。如果发动机在运行中,机油量有增无减,可能是渗入了冷却水或汽油。因此,燃油、润滑油消耗异常是发动机存在故障的一个标志。

6. 气味异常

汽车在行驶过程中,如出现制动拖滞、离合器打滑现象,则会散发出摩擦片的焦臭味;发动机过热、机油或制动液燃烧时,会散发出一种特殊气味;电路断路、搭铁导线烧毁也有异味。行车中一经发觉,应停车,查明故障所在。

7. 失控或抖动

汽车或总成工作时,可能会出现不能操纵、操纵困难或失灵,有时会出现震抖。例如,定位不正确而出现的前轮摆震或跑偏;由于曲轴或传动轴动平衡不好而产生的发动机或传动系统在运转中的震抖。

8. 渗漏

渗漏是指燃油、润滑油、冷却水、制动液(或压缩空气)、动力转向油的渗漏现象,也是一种明显的故障现象。渗漏易造成过热、烧损及转向、制动失灵的故障。

9. 外观异常

将汽车停放在平坦路面上,检查外观,如有横向或纵向的倾斜,其原因多为车架、车身、悬挂、轮胎等出现异常,这样会引起方向不稳、行驶跑偏、轮胎早磨等故障。也有一些电气系统故障呈现出外观异常,如大灯不亮、转向灯不亮等。

任务二 汽车故障的分类与诊断

任务目标

能够按照一定的规律对汽车故障进行分类,并且能够熟悉汽车故障的诊断方法。

必备知识

绝大多数故障产生的原因,都是汽车零件本身或零件之间配合状态发生了异常变化。汽车故障类型较多,表面上看故障的产生似乎有很大的偶然性,令人难以捉摸,其实绝大多数故障都是有迹可循的。

一、汽车故障的分类

按不同的分类方法,可将汽车故障分为不同类型,见表1-2。

表 1-2 汽车故障的类型

分类方法	故障类型	定　　义
按照丧失工作能力程度	局部故障	汽车部分系统或总成丧失工作能力,而其他功能正常
	完全故障	尽管故障只发生在某一系统或总成,但导致汽车完全丧失工作能力的故障
按照故障的性质	一般故障	能及时、方便排除的故障,或不影响行驶的故障
	严重故障	影响汽车行驶的故障,或会造成严重后果的故障
按照故障发展速度	突发性故障	在发生故障前没有征兆,故障现象是突然出现的,这是各种不利因素以及偶然的外界因素共同作用的结果,这种作用超出了产品所能承受的限度,导致故障发生,如轮胎爆裂、钢板弹簧断裂等
	渐变性故障	故障现象的发生是循序渐进的,其程度由弱到强逐渐形成,通常与使用时间相关联,随着使用时间的延长,故障逐渐显现,如发动机异响、燃油消耗增大等
按照故障存在的时间	偶发性故障	故障发生后,故障现象时有时无,在诊断这种故障时需要模拟故障发生时的工况条件和环境,获取故障汽车技术状况参数比较困难
	永久性故障	故障发生后,故障现象始终存在,这样的故障可以很方便地对汽车技术状况参数进行在线采集,如发动机某个气缸始终不工作等
按照故障影响性质	功能故障	致使预定功能不能实现的故障,这种故障往往是由于个别零件损坏造成的,如发动机损坏导致发动机无法启动
	参数故障	某个器件工作参数超出标准值,但并未导致功能完全丧失的故障,如点火正时微超出标准值,但并未导致点火过早或过晚的故障现象出现
按照故障发生系统的数量	单系统故障	在汽车某一部分或某个总成上只有一个系统出现故障,如故障只发生在发动机点火系统,但故障现象为发动机无法启动
	多系统故障	在汽车某一部分或某个总成有多个系统同时出现故障,如发动机点火和燃油系统同时出现故障造成发动机无法启动
按照故障可能造成的后果	非危险性故障	不会引起车辆零部件损坏、人身伤害或财产损失的故障
	危险性故障	有可能引起人身伤害、车辆损坏及财产损失的故障,是故障诊断和预防的重点内容

二、汽车故障的变化规律

汽车故障的变化规律,可用汽车故障率随汽车行驶里程的变化关系来表示。汽车故障率是指当汽车使用到一定里程时,在单位行驶里程内发生故障的概率。故障率也称失效率,它是衡量汽车可靠性的一个重要参数。如图 1-1 所示为汽车机械装置的故障率曲线,它可以反映出汽车机械装置的故障率随时间变化的规律。

1. 早期故障期

汽车的早期故障期相当于汽车的磨合期。在此阶段,由于汽车零件的磨损量较大,因此故障率较高,但总的趋势是在这段时期内,随着汽车行驶里程的增加,汽车的故障率逐渐降低。

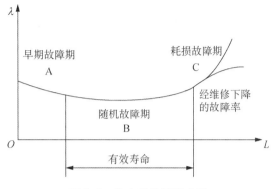

图 1-1 汽车的故障率曲线

2. 随机故障期

随着早期故障期的结束,零件的磨损进入稳定时期。在此阶段,汽车及总成的技术状况处于最佳状态,故障率低而且相对稳定,故称随机故障期。随机故障期是汽车的有效使用时期。在随机故障期,故障的发生是随机的,故障一般由材料隐患、超载运行、制造缺陷、润滑不良、使用不当及维护欠佳等因素所致。

3. 耗损故障期

随机故障期结束后,大部分零件磨损量过大,加之交变载荷长期作用及零件老化,各种条件均不同程度恶化,使磨损量急剧增加,汽车及各总成状况急剧变差,故障率迅速上升。此时,应及时进行维修,以免导致汽车及总成损坏,甚至出现严重事故。因此,在实际使用中,必须以汽车故障率曲线为依据,制定出合理的维修周期,以恢复汽车的使用性能。

三、汽车故障诊断的基本原则

汽车故障诊断的基本原则可概括为搞清现象、结合原理、区别情况、周密分析、从简到繁、由表及里、诊断准确、少拆为益八点。具体如下:

1. 抓住故障现象的特征

先全面搜集、了解故障的全部现象,弄清故障是使用过程中逐渐出现的还是突然出现的,是保养出现的还是大修后出现的,在什么情况、什么条件下现象明显。在允许条件下,改变汽车工作状况,了解现象的变化,从中抓住故障现象的特征。

2. 分析造成故障原因的实质

任一故障的发生总是由一两个实质性的原因造成的,必须经过分析确定后再查找,以免走弯路。如发动机排气管冒黑烟,主要是燃料燃烧不完全所致,故应抓住油、气及其混合气体这个关键。而要能准确抓住关键,必须熟悉汽车的结构、工作原理及正常工作所具备的条件。

3. 避免盲目性

在诊断故障过程中,尽量避免盲目地拆卸,否则将造成人力、材料和时间的浪费;同时,更要注意防止因不正确的拆卸而造成新的故障。

四、汽车故障的诊断方法

当前汽车的性能越来越完善,其结构越来越复杂,因此当汽车出现故障时进行诊断的难度也在不断增加,这就要求检测维修人员首先要了解故障现象,然后抓住引起故障现象的特征,分析造成故障原因的实质,按一定思路进行排查与诊断,最后准确判断出故障部位及原因。

故障诊断按照诊断的程度可以分为初步诊断和深入诊断。初步诊断是根据故障的现象,判断出故障产生原因的大致范围。深入诊断是根据初步诊断的结果对故障原因进行分析、查找,使用各种手段与仪器,直到找出产生故障的具体部位。

汽车故障诊断常用的方法有直观人工诊断、利用随车故障自诊断系统进行诊断、利用简单仪表诊断、利用专用诊断仪器诊断、备件替代诊断、故障征兆模拟诊断和利用故障树(后面会提到)诊断。

1. 直观人工诊断

直观人工诊断也称为经验诊断,其方法是通过道路试验和直观检查的方法来确定汽车的技术状况和故障。这种诊断方法的优点是不需要专用设备,成本花费少,但诊断的速度比较慢,而且不准确,需要经验丰富的技术人员,同时诊断对象仅适于查找比较明显的故障。通常情况下,直观人工诊断法可以概括为问、看、听、嗅、摸、试、替、测、诊这九个字。

(1)"问"就是询问,在诊断故障前,应先问明相关情况,如车辆已驶过的里程,近期的保修情况,故障发生前有何征兆,以及故障发生的过程是渐变的还是突变的,等等。情况不明时不能盲目诊断,否则会影响排除故障的速度。

(2)"看"就是观察,即通过观察车辆外表反映出来的现象,再结合其他情况,来判断车辆故障。如看燃油管、制动油液管、冷却液管及其接头是否变形、松动或泄漏;各种导线是否连接牢靠;各警报灯是否正常闪烁;各仪表指示是否正常;轮胎磨损是否过甚,排烟是否正常;等等。

(3)"听"就是通过耳朵听来判断发动机的运转状况,从而进一步判断发生故障的部位。在用"听"的手段来分析发动机异响故障时,首先要判断哪些属于发动机正常响声,哪些属于异响,因为不同的故障有不同的声响。

(4)"嗅"就是凭借嗅觉察知发动机、底盘和电气部分在运行中有无异常气味,以诊断其工作是否正常。有些故障发生时会发出不正常的气味。如通过嗅有无焦烟味来诊断离合器是否打滑;有无导线绝缘皮烧焦的橡皮臭味来诊断电路是否有短路或者过载故障;有无很浓的发动机排出废气的生油味来诊断混合气是否过浓。

(5)"摸"就是用手接触可能产生故障的机件的工作温度及其震动情况,以此来诊断有关系统工作是否正常。通常表现在发动机、变速器总成、驱动桥总成及一些电器元件上。在正常情况下,无论汽车工作多长时间,这些总成均应保持一定温度。除发动机外,倘若用手触摸这些总成,感到烫痛难忍,即表明该处过热,说明此处有故障。

(6)"试"就是通过对汽车及总成进行不同的模拟试验,当出现故障现象时再加以确认的一种手段,很多时候汽车上的故障是需要再现故障现象才能够诊断的,此方法需要维修人员有足够的经验。

(7)"替"就是根据经验将故障车的总成或零部件替换成正常的部件,然后查看故障的现象。此时,如果出现故障现象消失的情况,往往就可以确定故障原因了。有时候此方法非常简便易行。

(8)"测"就是对于现象不明显的疑难故障,当使用一般方法很难判断故障部位的时候,需要借助一些工具、量具或仪器进行测试,如用量具测量磨损尺寸,用多用表测电阻、电压或电流,用解码器读取故障码或数据流等。通过这些检测操作,可以判断故障部位及原因。

(9)"诊"就是对于特别复杂的故障,单靠经验或简单诊断很难判断故障部位时,借助一定的仪器设备,按照一定的方法和步骤,对故障进行全面细致的检查和分析。此时通常使用故障树进行详细的排查与分析诊断。

以上九个方面,并非每一种故障诊断均需使用,不同的故障可视其具体情况灵活处置。直观人工诊断法要求从事故障诊断操作的人员必须首先掌握被诊断汽车系统的结构和工作原理,对其产生的故障现象要熟悉,能进行原因分析,能掌握关键部件的检查方法并做出判断。直观人工诊断法由于受诊断者的经验和对诊断车辆的熟悉程度的限制,诊断结果有时候差别很大。经验丰富的诊断专家,可以利用直观人工诊断法迅速诊断出汽车及各总成可能出现的绝大多数故障。在诊断无故障码故障或用一些常规检测设备难以诊断的疑难故障方面,直观人工诊断法具有其他各种诊断法不可比拟的优势。

2. 利用随车故障自诊断系统诊断

随车诊断是指利用汽车电控系统所提供的故障自诊断系统对故障进行诊断。它利用故障自诊断系统调取汽车电控系统的相关故障码,然后根据故障码对应的故障名称及内容,指导维修人员找出故障部位。

一般情况下,随车故障自诊断系统只提供与电控系统传感器及执行元件有关的电气装置或线路故障代码,且只能做出初步诊断,具体的故障原因,还需要通过直观诊断或借助简单仪器甚至专用诊断设备进行深入诊断才能获得。

随车故障自诊断在汽车电控系统故障诊断中是一种简便快捷的诊断方法,但是其诊断方法的范围和准确度远远不能满足实际需求,常常出现汽车有故障症状而随车故障自诊断系统无故障显示的情况,或者虽出现了故障代码,却与相关的元器件无关的现象。因此,随车故障自诊断系统并不是万能的。

3. 利用简单仪表诊断

利用简单仪表诊断是指利用多用表、示波器、气缸压力表等常用仪表,对汽车故障进行诊断。汽车电控系统各零部件均有厂家定的标准参数值,各零部件的电阻值都有一定的范围,工作时输出电压信号也有一定的范围,且具有特定的输出波形。因此,可利用多用表测量元件的电阻或输出电压,用示波器测试元件工作时的输出电压波形,用多用表测量元件导通性等,从而判断元器件或线路是否工作正常。

这种诊断方法的优点是:诊断方法简单、设备费用低廉,主要用于对电控系统和电气装置的故障进行深入诊断。其缺点是:对操作者的要求较高,在利用简单仪表诊断时,操作者必须对系统的结构和线路连接情况及元器件技术参数有相当详细的了解,才能取得较好的诊断效果。否则,非但不能诊断出故障,还有可能造成电控系统零部件的损坏。

4. 利用专用诊断仪器诊断

随着电子工业技术的发展,汽车的功能和结构越来越复杂,传统上靠人工进行故障诊断的方法,已经不适合维修的需要,技术人员往往需要借助各种检测设备获取能反映整车、系统、总成或元件工作性能的技术参数,从而分析故障所在。常用的诊断仪器包括多用表、示波器、气缸压力表等,以及汽车专用多用表、汽车专用示波器、发动机综合分析仪、无负荷测功仪、四轮定位仪、汽车专用解码器等汽车专用诊断仪器。如图1-2所示为博世 FSA740 发动机综合分析仪,它具有汽车专用解码器、汽车专用示波器、尾气分析仪的基本功能并能提供智能化的诊断信息。通过这些设备,可以对电控系统和电气装置的故障进行深入诊断,可以大大提高汽车故障诊断效率,但专用诊断设备成本较高,一般适用于专业化的故障诊断和较大规模的汽车维修企业。

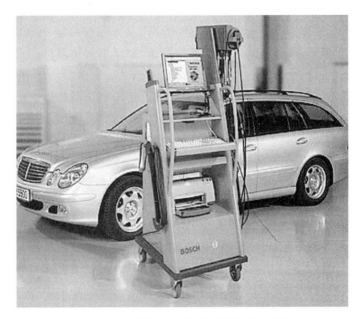

图 1-2 博世 FSA740 发动机综合分析仪

5. 利用备件替代法进行诊断

备件替代法是采用对机械零部件或电器元件进行互换或用已知性能完好的器件进行替换的对比试验方法。当怀疑某个器件发生故障时可用一个好的器件去替换该器件,然后进行测试,这些器件可以来自车辆本身,也可以来自同型号的其他车辆,还可以来自备件库。替换后若故障消失,则证明判断正确,故障部位确实在该处;若故障特征没有变化,则证明故障不在此处;若故障有好转但未完全排除,则可能除了此处故障外,还存在其他故障点,需要进一步查找。备件替代法是一种行之有效的常用方法,但此方法要求准备较多的备件,而且必须和原件零部件型号一致,这样做会使库存增加,加大维修成本。

6. 利用故障征兆模拟诊断

对于偶发性故障,故障征兆模拟试验是一种行之有效的诊断措施。在故障诊断中常常会遇到偶发性故障,这种故障在平时没有故障征兆,特殊条件下才偶然出现。因此,对这种类型的故障现象进行诊断,就必须首先模拟车辆出现故障时相似的条件和环境,设法使故障特征再现。在故障征兆模拟试验中,首先必须把可能发生故障的范围缩小,然后再进行故障征兆模拟试验,判断被测试的元器件工作是否正常,证实故障征兆。在缩小故障征兆可能性时,应参考相关系统的故障诊断表或故障树。

7. 利用故障树进行诊断

对于较复杂的故障,或比较生僻的故障,由于可能导致故障的原因较多,因此单靠经验或简单诊断,在一般情况下很难解决问题,此时必须借助一定的设备仪器,按照一定的方法步骤,对故障进行全面细致的检查和分析,逐步排除可能的故障原因,最终找到真正的故障部位,这就是用故障树诊断法进行诊断。故障树诊断法又叫故障树分析法,是将导致系统故障的所有可能原因,按树枝状逐级细化的一种故障分析方法。故障树诊断法特别适用于像汽车这样的复杂动态系统的故障分析。如图 1-3 所示为汽车发动机不能启动的一个故障树。

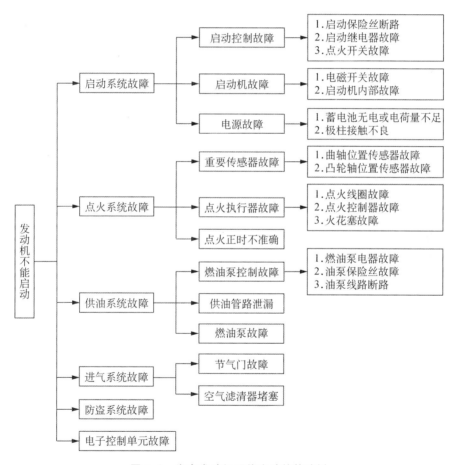

图 1-3　汽车发动机不能启动的故障树

由图 1-3 可知,应用故障树诊断法的关键是建立故障树。首先在熟悉整个系统的前提下逐步分析导致故障的可能原因,然后将这些原因由总体至局部、由总成到部件、由前到后(按工作关系)逐层排列,最后得出导致该故障的多种原因组合。

用故障树诊断法进行故障诊断时应注意,一定要按照导致故障的逻辑关系逐步检查分析,否则就会出现遗漏或重复性的工作,甚至出现查不出故障原因的现象。

需要说明的是,以上各诊断方法各有其优缺点,每一种故障诊断方法并不能被其他诊断方法完全取代。在实际应用中,应根据客观情况,灵活使用各种不同的诊断方法,使它们之间互为补充,提高汽车故障诊断的准确性。

任务三 汽车故障诊断基本程序的了解

任务目标

能够掌握汽车故障诊断的基本程序。

必备知识

汽车故障诊断的基本思路如图 1-4 所示,它从问诊入手了解症状,经过试车验证症状,通过分析搞清原理,再推理假设出可能原因,最后通过测试验证故障点是否成立。当验证的环节证明假设的故障点不成立时,应该返回到前一个环节提出新的假设,然后再去验证。当提不出新的假设时,就要再向前一个环节进行重新分析,如果重新分析还得不到更新的假设,就要再向前一个环节,应更加仔细地试车以发现新的特征,必要时还可以进一步重复问诊过程以了解更多的信息,重新提出新的假设并加以验证,直至发现真正的故障点为止。这就是汽车故障诊断的基本思路。

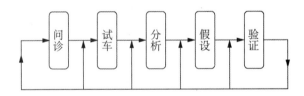

图 1-4　汽车故障诊断的基本思路

基于上述诊断思路,我们就可以制定出完备的汽车故障诊断流程。基本流程是汽车故障诊断过程中最基础的诊断过程,是对诊断内容的概括和总结。汽车故障诊断基本内容包括从故障最初症状出发,通过问诊试车(验证故障症状)、分析研究(分析结构原理)、推理假设(推出可能原因)、流程设计(提出诊断步骤)、测试确认(测试确认故障点)、修复验证(排除故障后验证),最后达到发现故障原因的目的,如图 1-5 所示。

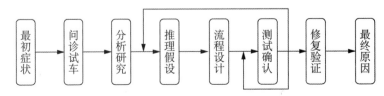

图 1-5　汽车故障诊断的基本流程

一、确认故障症状,识别待测车辆

1. 确认故障症状

确认故障症状很关键的第一步就是确认故障现象,故障现象可分为:可感觉到的性能和功能发生改变的症状、可觉察到的外观和状态发生改变的症状、可检测到的参数和指标发生改变的症状。上述这些故障可以通过问诊驾驶员和试车的方法确认。

2. 识别待测车辆

通过车辆的身份识别代码确认车辆,车辆上的身份识别代码都有其特殊含义。通过对车辆的正确识别,可以获得正确的技术资料,从而了解车辆的结构和工作原理,掌握适合该车的诊断信息,做到有的放矢。

二、通过分析研究,了解系统的结构和工作原理

分析研究是在问诊、试车后根据故障症状,对汽车的结构和原理进行深入分析,目的在于分析故障生成的机理、故障产生的条件和特点,为下一步找出故障原因做准备。分析研究首先要收集汽车发生故障部位的结构原理资料,了解汽车正常运行的条件和规律,并且与故障状态进行对比分析。分析研究的基础材料是车辆结构与原理方面的知识,以及维修手册上提供的机械与液压原理结构图、油路电路气路图、电子控制系统框图、控制原理图表、技术通报等重要信息。

三、通过故障树的方法推理假设故障原因

推理假设是对故障原因的初步判断,这个初步判断基于理论和实践两个方面:理论上,根据其结构和原理,加上故障症状的表现,再从逻辑分析出发,推导出故障症状发生的可能原因,这个推导从原理上是能够成立的逻辑推理,这是基于理论的逻辑推理;实践上,根据以往故障诊断的经验,对相同或相似结构的类似故障做出的可能故障原因的经验推断,这个推断具有类比判断的性质,这是基于实践的经验推断。

推理假设过程是从大方向上寻找故障原因的过程,这个过程探究的是故障基本机理和基本方向,因此,采用因果关系分析法的主干、枝干图解能帮助建立分析过程的逻辑推断,因果分析法在推理假设阶段是最好的辅助工具。表 1-3 所示为汽车故障推理示例。

表 1-3 汽车故障推理示例

故障症状	发动机排放黑烟				
原因第一层	混合气过浓				
原因第二层	燃油过多			空气偏少	
原因第三层	油压高	喷油时间长		空气滤清器堵塞	进气量检测失准
原因第四层	油泵功率过大	油压调节器工作不良	喷油器脉冲宽度过大	喷油器关闭不严	……	……
原因第五层	……	……	……	……	……	……

四、编写诊断流程

诊断流程的设计是在推理假设环节之后,根据假设的可能故障原因,设计出实际应用的故障诊断流程图的过程。这个过程是建立在以故障症状为顶端事件的故障树后,编写出的故障诊断流程图表。实际上就是在推理假设的基础上增加各种检测方法,主要目的是逐步缩小故障怀疑范围,最终锁定故障点。

从故障树演变成诊断流程图的关键在于:如何确定每一层平行事件诊断的先后顺序;如何判定某一个中间事件或底端事件是否成立。汽车故障诊断流程图表的设计是汽车维修技术人员必须掌握的汽车故障诊断工艺设计方法,它是汽车维修工作中技术层面最高的技术工作,其基础是故障树分析法,它是故障树分析法的延伸、推广和应用。在汽车维修工程中,故障诊断流程图表具有十分重要的地位和意义。

五、进行测试确认

测试确认是在故障诊断流程设计之后,按照流程设计的步骤,通过测试的手段逐一测试确认中间事件或底端事件是否成立的过程,测试过程是从最高一层事件逐一到最低一层事件,然后再到底端事件,直至确认故障点部位的全过程。

测试确认是在不解体或只拆卸少数零部件的前提下,完成对汽车整体性能、系统或总成性能、机电装置性能、管线路状态以及零部件性能的测试过程,它包含检测、试验、确认三个部分。检测是指通过人工直观查看和对设备仪器进行分析的技术检查过程;试验是指通过系统的模拟实验和动态分析进行的技术诊断过程;确认是指通过诊断流程的逻辑分析、对检测和试验的结果做出判断,最后确认故障发生点的部位的过程。

六、修复验证

修复验证是指在测试确认最小故障点发生部位后,对故障点进行修复以及对修复后的结果所进行的验证。此过程是修理完成后,通过试车的方法确认诊断和修理是否达到预期,这在故障诊断过程中是不可或缺的内容。

任务四 汽车故障诊断注意事项的掌握

能够掌握汽车故障诊断的注意事项。

必备知识

汽车故障诊断的注意事项如下:
(1)诊断、测试及排除故障时要在保证安全的条件下进行,使用专用诊断仪器时不应一个人操作。

（2）进行汽车故障诊断时，应尽量避免拆卸零件，禁止随意大拆大卸。

（3）诊断故障前要先搞清故障部位的工作原理及结构类型，做到胸有成竹。对于重要系统（如电控系统），若无生产厂家提供的详细维修资料，最好不要动手维修。

（4）判断故障要有充分的依据，不要乱拆、乱接、乱试，胡拆乱碰不但排除不了故障，反而有可能造成新的故障或损坏。

（5）有些故障与汽车及各总成的工作原理没有任何关系，而要根据经验来判断，特别是长期维修某一车型的技术人员，有时只需通过故障现象就可以准确地判断故障部位及原因。因此，在进行故障判断时，不要总往复杂方面想，应从简到繁，由表及里，逐步深入。

（6）电控系统发生故障时，一般应先检查是否存在油路堵塞、导线接触不良等故障，不要轻易怀疑是电控系统元件（特别是 ECU）故障，因为电控系统工作可靠，出现故障的可能性一般很小。

（7）某些对汽车总成或零部件有伤害的故障不要长时间或反复测试，否则将使故障更加严重。

（8）分析时要追究导致故障产生的深层原因，不要头疼医头，脚疼医脚，否则可能会导致故障反复出现。

（9）对配合件，在拆卸时要注意装配记号及安装方向。若原来没有或看不清装配记号，则应重新做标记。安装时一定要按记号装配。

（10）过盈配合件应尽量采用拉拔器等专用工具拆装，无专用工具时应垫上软金属或木块后再击打，不能直接用榔头击打零件，以免造成零件变形。

（11）装拧螺栓时，应分数次、交叉、对称、均匀地按规定力矩拧紧，以免零件变形或结合不牢。装配完毕后，有锁销的应戴上锁销。

（12）装配完毕后，应清点诊断过程中所使用的工具、仪器、擦布等是否齐全，特别是垫片之类的小零件，以防这些东西掉入机器内或卡在其他地方（特别是旋转的地方），从而造成机件损伤，甚至使人受伤。

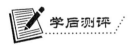

一、判断题

1. 汽车故障诊断的基本程序中的问诊可以放在最后一步进行。（　　）
2. 汽车有故障出现时，就一定会有人为可察觉到的症状出现。（　　）
3. 故障树建立的前提是要有丰富的维修经验。（　　）
4. 汽车故障的客观原因主要包括设计制造、材料选择、自然老化、装配关系等。（　　）
5. 按丧失工作能力的程度，可以将汽车的故障分为一般故障和严重故障。（　　）
6. 元件损坏型故障是由于元器件或零部件损坏、变形导致的故障。（　　）
7. 混合气过稀有可能导致排气系统"放炮"现象发生。（　　）
8. 汽车使用到一定里程或时间后，在单位行驶里程内发生故障的概率称为汽车故障率。（　　）
9. 汽车故障的直观人工诊断法也就是所谓的经验诊断法。（　　）

10. 直观人工诊断法中的"闻",是指向车主了解其车的使用与维修的内容。（   ）

二、单项选择题

1. 问诊后首先应进行的操作是(   )。

   A. 试车　　　　　B. 读取故障码　　　C. 分析研究　　　D. 查阅维修手册

2. 汽车的症状表现为怠速不稳定,这属于问诊中的(   )。

   A. 怠速不良　　　　　　　　　　　　B. 发动机工作不正常

   C. 故障发生时的情况　　　　　　　　D. 故障发生的频率

3. 汽车的故障大量出现在(   )。

   A. 早期故障期　　B. 耗损故障期　　C. 随机故障期　　D. 以上都不是

4. (   )可以引起发动机动力不足的症状。

   A. 点火开关接线松动　　　　　　　　B. 启动机轴承过松

   C. 油箱油量过少　　　　　　　　　　D. 点火能量不足

5. (   )是当前4S店经常使用的故障诊断方法。

   A. 故障树法　　　B. 试车法　　　C. 换件法　　　D. 故障征兆模拟法

6. 设计一个汽车故障诊断流程时,首先要考虑的是(   )。

   A. 汽车故障的真正原因

   B. 故障所涉及的大组成及总成的性能的好坏

   C. 个别线路的断路与短路情况

   D. 各个系统的性能情况

7. 进行汽车故障诊断时,(   )是最重要的。

   A. 诊断方法　　　　　　　　　　　　B. 诊断程序

   C. 诊断思路　　　　　　　　　　　　D. 诊断内容

8. 每次在做完汽车的故障诊断后,进行故障总结的目的是(   )。

   A. 查找到最小故障点　　　　　　　　B. 找到汽车故障的最终原因

   C. 为下次修理做准备　　　　　　　　D. 对车主有一个交代

9. 对(   ),若工作忙可暂时不修理,待日后有时间再修理。

   A. 安全性故障　　　　　　　　　　　B. 功能性故障

   C. 车载娱乐系统故障　　　　　　　　D. 排放控制系统故障

项目二 启动系统与充电系统故障的诊断与排除

📖 项目描述

为了使静止的发动机进入工作状态,必须先用外力转动发动机曲轴,使活塞开始上下运动,气缸内吸入可燃混合气,然后依次进入后续的工作循环。而依靠的这个外力系统就是启动系统。目前几乎所有的汽车发动机都采用电力启动机启动。

充电系统作为汽车正常工作中不可缺少的一个重要的部分,随着现代汽车整体技术的不断提高,也在不断地完善。发电机作为充电系统的核心部件,其机械方面虽然经历了这么多年汽车充电技术的发展,但主体结构并没有太大的改变。

下面将针对汽车启动系统和充电系统的常见故障进行诊断和分析。

学习目标

1. 知识目标

(1) 熟悉启动系统与充电系统常见故障产生的原因。
(2) 掌握启动系统与充电系统的相关电路图及控制原理。
(3) 能正确识读汽车电路图。
(4) 能对所排除的故障进行分析与总结。

2. 技能目标

(1) 针对所操作的汽车,能进行启动系统与充电系统的实物与图纸的对应查找。
(2) 针对汽车出现的故障现象,可初步判断启动系统与充电系统故障的原因或方向。
(3) 掌握启动系统与充电系统的零部件的检测方法。
(4) 能对启动系统与充电系统的故障进行正确的诊断与排除。

任务一 启动系统故障的诊断与排除

任务目标

能对启动系统的常见故障进行正确的诊断与排除。

任务导入

1. 故障现象

奥迪100四缸发动机的启动机运转无力,有时发动机不易启动。车主反映,该车曾维修过发动机、启动机,更换过蓄电池。

2. 故障分析诊断与排除

分析故障原因,怀疑是换用的蓄电池质量不佳,但借用无故障的蓄电池试车,故障依然存在。按动电喇叭,声音嘹亮,表明蓄电池性能可靠,分析可能是线路存在故障。在发动机中速运转时,用多用表测得发电机电枢接线柱的输出电压为13.0～13.5 V,蓄电池正负极间的电压为11.5 V,仪表板上充电指示灯在发动机运转后熄灭,这些都表明线路无故障。

检查启动机,电源接线柱处有烧蚀痕迹,拆除蓄电池搭铁线,发现螺母松动。拧紧螺母,装上蓄电池搭铁线,发动机顺利启动。

必备知识

启动系统常见故障部位为蓄电池正负极柱接头和搭铁线搭铁接头、启动机、点火开关和启动继电器等部件。若启动机不转和启动机运转无力,要弄清故障部位是启动电机还是启动电机线路。在启动电机线路中重点检测启动机电磁开关和启动继电器。启动机空转故障的原因多为单向离合器打滑。启动系统常见故障还可通过测量启动电流、启动电压和启动转速等参数进行综合诊断。启动系统常见故障有以下几种。

一、启动机不转

1. 故障现象

启动时,接通启动开关,启动机不转动,且无动作迹象。导致此类故障的原因较多,归纳起来主要分为蓄电池和启动机两方面。

2. 故障原因

(1) 蓄电池故障:蓄电池严重亏电或极板硫化、短路等,蓄电池极桩与线夹接触不良,启动电路导线连线处松动而接触不良等。

(2) 启动机故障:换向器与电刷接触不良,磁场绕组或电枢绕组有断路或短路,绝缘电刷搭铁,电磁开关线圈断路、短路、搭铁或其触点烧蚀而接触不良等。

(3) 启动继电器故障:启动继电器线圈断路、短路、搭铁或其触点接触不良。

(4) 点火开关故障:点火开关接线松动或内部接触不良。

(5) 启动系统控制线路故障:线路有断路,导线接触不良或松脱,熔丝烧断等。

3. 故障诊断与排除

(1) 按下电喇叭或打开大灯,如果电喇叭声音嘶哑或不响,或者灯光比平时暗淡,说明电源有故障,应先检查蓄电池极桩与线夹、启动电路导线接头处是否松动,触摸导线连接处是否发热。若某连接处松动或发热,则说明该处接触不良;若线路连接无问题,则应对蓄电池进行检查。

（2）如果判断电源无问题，用旋具将启动机电磁开关上连接蓄电池和连接内部电动机的两接线柱短接。如果启动机不转，则说明是电动机内部有故障，应拆检启动机；如果启动机空转正常，则进行下一步检查。

（3）用旋具将电磁开关接线柱与启动机电源接线柱相连，如果启动机不转，说明启动机电磁开关有故障，应拆检电磁开关；如果启动机运转正常，则说明故障在启动继电器或有关线路。

（4）用旋具将启动继电器上连接蓄电池和连接启动机的两接线柱短接。如果启动机不转，则应检查连接这两个接线柱的导线；如果启动机能正常运转，再做下一步检查。

（5）将启动继电器上连接蓄电池和连接点火开关的两接线柱短接。如果启动机不转，则说明启动继电器不良，应拆检或更换启动继电器；如果启动机能正常运转，则故障在启动继电器至点火开关的导线或点火开关本身，应对其进行检修。

二、启动机运转无力

1. 故障现象

启动时，驱动齿轮能啮入飞轮齿环，但启动机转速明显偏低甚至停转。

2. 故障原因

（1）蓄电池电荷量不足或连接导线松动，接触不良等。

（2）启动机轴承过紧或松旷，电枢轴弯曲有时碰擦磁极，整流器和电刷间脏污或电刷磨损过短、弹簧过软，电枢和磁场线圈短路。

（3）启动机电磁开关触点烧蚀或电磁开关线圈短路。

（4）励磁绕组或电枢绕组局部短路，使启动机功率下降。

3. 故障诊断与排除

启动机运转无力，首先应检查启动机电源，如果启动机电源无问题，则应检查启动机与电源之间的接触情况，如接触良好应拆检启动机。

三、启动机空转

1. 故障现象

接通启动开关，启动机只空转，小齿轮不能啮入飞轮齿圈带动发动机转动。

2. 故障原因

（1）机械强制式启动机的拨叉脱槽，不能拨动驱动小齿轮，或其自由行程调整不当，不能进入啮合状态。

（2）电磁控制式启动机的电磁开关铁芯行程太短。

（3）电枢移动式启动机辅助线圈短路或断路，不能将电枢带到工作位置。

（4）启动机单向离合器打滑或损坏。

（5）飞轮齿严重磨损或损坏。

3. 故障诊断与排除

启动机空转实际有两种情况：一种是启动机驱动小齿轮不能与飞轮齿圈啮合的空转，故障主要在启动机的操纵和控制部分；另一种是启动机驱动小齿轮与飞轮齿圈啮合，由于单向啮合器打滑而空转，故障主要在启动机单向啮合器。

(1) 若驱动小齿轮不能与飞轮齿圈啮合,则应进行如下检查、诊断:

① 对于机械强制式启动机,应先检查传动叉行程是否调整适当。若调整不当,在未驱使驱动小齿轮与飞轮齿圈啮合时,主接触盘已与触点接通而导致启动机空转;如调整适当,则可能是传动叉脱出嵌槽。

② 对于电磁控制式启动机,则应检查主回路接触盘的行程是否过小。如过小,会使主回路提早接通,造成电枢提前高速旋转。

③ 对于电枢移动式启动机,主要是扣爪块上阻挡限制板的凸肩磨损,不能阻挡限制板的移动,致使活动触点的下触点提早闭合,并使电枢高速旋转。当活动触点与固定触点上下限触点间隙调整不当,即下触点间隙太小,也同样会引起电枢提早高速旋转。

(2) 若单向啮合器打滑空转,应分解启动机进行检修或更换。

四、启动机异响

1. 故障现象

接通启动开关,启动机运转时有撞击声,且不能带动发动机运转。

2. 故障原因

(1) 启动机开关或电磁开关行程调整不当。
(2) 电枢移动式固定触点和活动触点间隙调整不当。
(3) 启动机驱动小齿轮或飞轮轮齿磨损过甚或打滑。
(4) 启动机固定螺栓松动或离合器壳松动。
(5) 启动机内部故障。

3. 故障诊断与排除

此现象表明启动机驱动小齿轮啮入困难。首先摇转曲轴一个角度,再接通启动开关试验。

(1) 如撞击声消失且能啮入启动发动机,则说明飞轮齿圈部分轮齿啮入端磨损严重,应予以更换。

(2) 如曲轴转到任何角度都不能消除撞击声,驱动小齿轮始终不能啮入,则表明启动机拨叉行程或电磁开关行程过短,导致驱动小齿轮尚未啮入即高速旋转。

(3) 当接通启动开关时,启动机壳体明显抖动,说明启动机固定螺栓或离合器壳固定螺钉松动,应立即紧固,否则可能造成启动机驱动端盖折断。

(4) 此外,根据撞击声响特征也可大致判明原因。一般行程调整不当或带有空转引起的撞击声是连续的,而启动机固定螺栓或离合器壳松动或飞轮齿圈损坏引起的撞击声是断续的,且有时可以啮入启动。空转带有撞击声的诊断方法与启动机空转故障的诊断方法相同。

一、任务准备

1. 工作准备

毛巾:准备□　清洁□

洁具:准备□　清洁□
5S:整理□　整顿□　清洁□　清扫□　素养□

2. 启动系统零部件的检测所需设备和工具

桑塔纳轿车一辆或上海大众 AJR 发动机实验台架两台、多用表、试灯、导线、扳手、螺丝刀等。

3. 实训安排

(1) 分组实训:班级按 3 人 1 小组划分进行操作训练。

(2) 每组分工:3 人小组中 1 人发指令,1 人操作,1 人记录,交替配合完成实训。

(3) 每组时间:每组在 20 分钟内完成训练。

(4) 实训方式:每轮 2 组依次进行。

二、实施步骤

1. 蓄电池的检测

在进行启动系统的故障检查时,首先要排除蓄电池出现故障的可能性。

(1) 可打开大灯或按动电喇叭,判断蓄电池和供电线路是否正常。如大灯不亮或电喇叭不响,应检查蓄电池的电压是否过低、蓄电池极桩是否太脏、线缆夹和极柱的连接是否松动等;如大灯亮或电喇叭响声正常,说明蓄电池及供电线路良好。

(2) 蓄电池常见故障是:亏电较多或其内部损坏、蓄电池极桩太脏或导线接头松动而导致接触不良等。一般来讲,蓄电池电压应在 9 V 以上才能顺利启动发动机,当其电压不足时,则需要充电、保养或更换。

2. 启动机的检查

(1) 将启动机上接电缆线的主接线柱与启动接线柱短接,若启动机不能工作,说明启动机的电磁开关等有故障,需拆下启动机检修;如果启动机能正常工作,说明启动机电磁开关正常,启动机本身没有故障。

(2) 用一根较粗的导线从蓄电池正极直接引 12 V 的电压到启动接线柱,启动机若能正常工作,说明启动机本身没有故障,故障在与启动机相关的连接电路上。

3. 主电路的检查

用多用表测量启动机上的主接线柱是否为 12 V 左右,若是,说明主电路供电正常;若不是,说明主电路有故障。

4. 启动线路的检查

将点火开关打到启动挡的瞬间,用多用表检测启动机电磁开关上的启动接线柱电压是否为 12 V 左右,若是,说明启动线路供电正常;若不是,说明启动线路有故障,很有可能是点火开关有故障,应仔细进行排查。

三、清洁及整理

整理:所用设备和工量具□

清洁场地:座椅□　地板□　工作台□　零件盘□　工位场地□

学生工作页

发动机无法启动的故障诊断(启动系统故障)

班级		姓名		小组成员		日期	

1. 问诊

记录故障现象,填写接车问诊单。

故障现象:

2. 检测

(1) 读取故障码,记录故障码内容。

故障码 1	
故障码 2	

(2) 分析。根据故障码内容和故障现象,分析应该对哪些系统或零部件进行检查和检测。

部件名称	
使用仪器	

(3) 检查和检测。

启动系统的基本检查

检查项目	检查部位	检查方法	检查结果
电源			
点火开关			
电路			

启动机的检查和检测

检查项目	电源电压	启动电压	启动继电器	电磁开关	启动电动机
检测结果					

3. 诊断

根据检查和检测结果判断故障原因并进行验证。

4. 排除故障

写出排除故障的具体方法。

教师评语 评分	

任务二　充电系统故障的诊断与排除

任务目标

能够对充电系统的常见故障进行正确的诊断与排除。

任务导入

一辆普通捷达轿车在行驶途中，充电指示灯突然点亮，加速之后也不熄灭。这是什么原因引起的呢？对此故障应该如何进行诊断和排除呢？

必备知识

汽车充电系统主要由蓄电池、交流发电机、调节器及相关线路构成。充电系统的故障主要有充电指示灯不亮、充电系统不充电、充电指示灯时亮时灭、蓄电池充电不足、发电机充电电流过大、发电机有异响等。

一、充电指示灯不亮

1. 故障现象

接通点火开关后，指示灯不亮或亮度暗红。

2. 故障原因

(1) 熔断器烧断，接线松动。

(2) 指示灯泡烧毁。

(3) 充电指示继电器触点接触不良，两对触点黏结。

3. 故障诊断与排除

(1) 检查熔断器是否熔断，接线是否松动。

(2) 如良好，可将调节器的接线插座拔开，取出指示灯引线，接通电源开关，用此引线接铁试验。

(3) 如指示灯亮，说明指示灯泡良好，故障是充电指示继电器的触点接触不良或调节器内部搭铁不良。

二、充电系统不充电

1. 故障现象

发电机以中速以上速度运转时，仪表盘上的充电指示灯不熄灭。

2. 故障原因

(1) 发电机传动带过松打滑。

(2) 接线错误、线路断路、短路。

(3) 发电机有故障。

① 硅二极管被击穿、短路或断路。

② 定子或转子线圈断路、短路或搭铁。

③ 电刷在其架内卡滞与集电环接触不良。

④ 电枢和磁场接线柱绝缘损坏或其接线不良。

⑤ 集电环绝缘击穿。

⑥ 转子爪极松动。

(4) 调节器故障或调节器与发电机不匹配。

3. 故障诊断与排除

(1) 检查风扇皮带的挠度。

(2) 检查各连接导线接线是否良好以及发电机接线是否正确；若线路连接正常，接通点火开关，将试灯一端与发电机"F"接线柱相接，而另一端搭铁（也可用多用表直流电压挡"＋"表笔与发电机磁场接线柱相接，"－"表笔搭铁）。若试灯点亮，则磁场外电路正常；若试灯不亮（或电压表无读数），则将试灯的火线端依次接调节器的"B"接线柱。若试灯点亮，则为调节器或调节器和发电机之间连线断路或短路；若试灯仍不亮，则为调节器和蓄电池之间的元件损坏或电路断路或短路。

(3) 若磁场外电路正常，可拆下发电机"F"接线柱导线，检测"F"接线柱与"－"（"E"）之间的电阻是否正常，若不正常，则为磁场内电路故障；若正常，则重新连接好"F"导线并拆下发电机"B"上的连线，将试灯一端接触电枢接线柱，另一端搭铁，启动发动机并使发动机稍高于怠速运转（不允许高速运转）。若试灯不亮或亮度暗红，说明发电机内部存在故障；若试灯亮度正常，则为调节器故障。

三、充电指示灯时亮时灭

1. 故障现象

接通点火开关和发动机正常运转时，充电指示灯时亮时灭。

2. 故障原因

(1) 发电机传动带挠度过大而出现打滑现象。

(2) 发电机个别整流二极管断路、一相定子绕组连接不良或断路而导致发电机输出功率降低。

(3) 发电机电刷磨损过多。

(4) 调节器调节电压过低。

(5) 相关线路接触不良。

3. 故障诊断与排除

(1) 检查传动皮带的挠度是否符合规定。

(2) 检查相关线路连接情况，若不正常，则需检修。

(3) 拆下调节器和电刷组件总成，检查调节器和电刷组件，若不正常，则需检修或更换。

(4) 检修发电机总成。

四、蓄电池充电不足

1. 故障现象

蓄电池经常存电不足，照明灯光暗淡，电喇叭声音小，启动机运转缓慢无力。

2. 故障原因

（1）充电线路接线不良，接触电阻过大。

（2）风扇皮带打滑，发电机转速过低。

（3）发电机整流器个别二极管损坏。

（4）发电机集电环脏污、电刷与集电环接触不良，致使励磁电流过小。

（5）发电机定子绕组某相连接不良，有短路或断路故障，转子绕组局部短路，转子与定子刮碰或气隙不当。

（6）电压调节器故障。

3. 故障诊断与排除

（1）检查导线连接情况和风扇皮带的挠度，确定其工作状况是否良好。

（2）若上述检查良好，可拆下发电机"B"接线柱导线，用试灯的两根导线分别和发电机的接线柱"B"和"F"相连，然后启动发动机，逐渐提高转速进行试验，观察试灯亮度。

① 如试灯发红，可再提高转速试验。如试灯亮度不增强，则说明发电机内部有故障。

② 如试灯亮度随发动机转速提高而增强，则说明发电机良好，故障在调节器。对于电压调节器，可能是调节器的调节电压过低或触点脏污所致。

五、发电机充电电流过大

1. 故障现象

（1）在蓄电池不亏电的情况下，充电电流仍在 10 A 以上。汽车行驶 2~3 小时，电流表始终指示 5 A 充电电流。

（2）蓄电池的电解液消耗过快，需经常添加。

（3）照明灯泡经常烧损。

（4）点火线圈或发电机有过热现象。

2. 故障原因

（1）电压调节器电压调整过高。

（2）电磁式电压调节器低速触点黏结或高速触点脏污、接触不良、搭铁电阻增加，使励磁绕组不能及时短路。

（3）磁化线圈或温度补偿电阻断路。

（4）发电机绝缘电刷或正电刷与元件板短路。

（5）电子调节器的大功率三极管集电极和发射极之间漏电过大，不能有效截止。

3. 故障诊断与排除

用多用表直流电压挡测试发电机电压，即红表笔触及发电机"B"接线柱，黑表笔搭铁，逐渐提高发动机转速，检查发电机电压。

（1）如果电压偏低、充电电流很大，应检查蓄电池是否严重亏电或内部短路。

（2）如果电压过高，可能是电压调节器低速触点黏结或高速触点接触不良。

（3）如果人为闭合高速触点，电压下降，则为电磁线圈、温度补偿电阻断路。

六、发电机有异响

1. 故障现象

发电机在转动过程中有不正常噪声。

2. 故障原因

(1) 风扇皮带过紧或过松。

(2) 发电机轴承损坏被卡住或松旷缺油,轴承钢球护架脱落等。

(3) 发电机转子与定子相碰,即"扫膛"。

(4) 电刷磨损过大,或电刷与集电环接触不良,电刷在电刷架内倾斜摆动。

(5) 发电机总装时部件不到位,使机体倾斜或发电机电枢轴弯曲。

(6) 发电机传动带轮与轴松旷,使传动带轮与散热器风扇碰撞。

3. 故障诊断与排除

(1) 检查风扇皮带松紧度。

(2) 检视发电机传动带轮与发电机安装是否松旷。

(3) 用手触摸发电机外壳和轴承部位,若有烫手感,说明定子与转子相碰或轴承损坏。

(4) 用听诊器监听发电机轴承部位,若有不规则清脆响声,说明轴承缺油或滚珠损坏。

(5) 拆出电刷,观察并检测其完好程度,若磨损过大会导致接触不良故障。

(6) 检查发电机内部机件的配合及润滑情况,检查二极管和磁场线圈有无短路或断路故障。

一、任务准备

1. 工作准备

毛巾:准备□ 清洁□

洁具:准备□ 清洁□

5S:整理□ 整顿□ 清洁□ 清扫□ 素养□

2. 充电系统零部件的检测所需设备和工具

桑塔纳轿车和捷达轿车各一辆或上海大众 AJR 发动机实验台架两台、多用表、试灯、导线、扳手、螺丝刀等。

3. 实训安排

(1) 分组实训:班级按 3 人 1 小组划分进行操作训练。

(2) 每组分工:3 人小组中 1 人发指令,1 人操作,1 人记录,交替配合完成实训。

(3) 每组时间:每组在 20 分钟内完成训练。

(4) 实训方式:每轮 2 组依次进行。

二、实施步骤

以捷达轿车充电、启动、点火系统的整体式交流发电机为例,如图2-1所示。

1. 描述充电的工作过程

(1) 当点火开关处于位置(15)时,电流流经的路径为:蓄电池正极→发电机故障指示灯1→D+点→励磁绕组2(转子)→调节器3→D−点→蓄电池负极,此时充电故障指示灯亮。

(2) 当发动机启动后,发电机开始发电,励磁整流二极管7所产生的励磁电流经D+→励磁绕组2(转子)→调节器3→D−点,调节器根据发电机输出电压的情况控制励磁绕组电流的大小,完成调压工作。

(3) 发动机启动后,发电机的输出电压高于蓄电池的电压,由于B+与D+电位相等,使发电机故障指示灯1熄灭。如果发电机此时不发电,指示灯1就会亮。

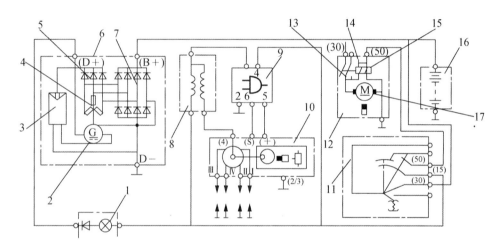

1—发电机故障指示灯;2—转子(励磁绕组);3—电压调节器;4—发电机定子;5—励磁二极管;
6—发电机;7—整流二极管;8—点火线圈;9—点火控制器;10—无触点分电器;
11—点火开关;12—启动机;13—启动机电磁开关触点;14—吸引线圈;
15—保持线圈;16—蓄电池;17—启动机电枢绕组

图2-1 捷达轿车充电、启动、点火系统工作电路图

2. 充电系统的检查与解决方法

(1) 当发动机启动后,发电机故障指示灯闪烁。解决方法有两种:一是检查发动机传动带的张紧力,使传动带松紧程度合适;二是检查发动机的怠速,把怠速调整到标准范围内。

(2) 当发动机运转时,如果发电机故障指示灯时亮时灭或常亮,说明充电系统存在故障。此时,用多用表测量转子励磁线圈的电阻及定子电枢绕组的正向电阻和反向电阻,发现问题进行相应处理。如果测得发电机的相关线圈电阻均在标准范围内,但发电机故障灯仍亮时,应检查发电机电压调节器。检查电压调节器是否完好,可用替代法将好的电压调节器装复后,如发电机故障指示灯熄灭,说明发电机已正常,是电压调节器故障。

三、清洁及整理

整理：所用设备和工量具□

清洁场地：座椅□ 地板□ 工作台□ 零件盘□ 工位场地□

学生工作页

充电系统的故障诊断

班级		姓名		小组成员		日期	

1. 问诊

记录故障现象，填写接车问诊单。

故障现象：

2. 检测

（1）读取故障码，记录故障码内容。

故障码1	
故障码2	

（2）分析。根据故障码内容和故障现象，分析应该对哪些系统或零部件进行检查和检测。

部件名称	
使用仪器	

（3）检查和检测。

充电系统的基本检查

检查项目	检查部位	检查方法	检查结果
电源			
发电机			
电路			

发电机的检查和检测

检查项目	B+接线柱对地电压	D+接线柱对地电压	发电机F与E间电阻	发电机B与E间电阻	发电机N与E间电阻
检测结果					

3. 诊断

根据检查和检测结果判断故障原因并进行验证。

4. 排除故障

写出排除故障的具体方法。

教师评语 评分	

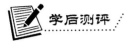

一、判断题

1. 当启动机中的单向离合器出现故障时,启动机在启动时不会发出任何响声。(   )
2. 如果一部汽车在启动时不能着车,可以初步判定这部汽车供油系统出现了问题。
(   )
3. 发动汽车时,如果出现启动机不转的现象,则故障一定在启动机。(   )
4. 启动机不转一般是由蓄电池的原因造成的。(   )
5. 打开大灯或按下电喇叭,可对蓄电池电路与电荷量进行初步检查。(   )
6. 蓄电池自放电不会造成蓄电池的亏电现象。(   )
7. 发电机充电电流过大一般是发动机转速过高所致。(   )
8. 仪表上的充电指示灯始终点亮,表明发电机没有向蓄电池充电。(   )
9. 当发电机轴承技术状态不良或润滑不到位时,汽车发电机处将会有"吱吱"响声。
(   )
10. 在汽车的修理作业中,允许在发动机工作时拆下蓄电池连接导线。(   )

二、单项选择题

1. (   )不会导致启动机运转无力。
   A. 蓄电池亏电   B. 启动保险丝熔断
   C. 电磁开关线圈短路   D. 启动机内电刷接触不良
2. (   )会导致启动机不运作。
   A. 点火开关故障   B. 蓄电池电荷量不足
   C. 启动机搭铁线过细   D. 启动机单向离合器故障
3. (   )不是导致启动机空转的原因。
   A. 单向离合器打滑   B. 启动机内拨叉脱槽
   C. 飞轮齿严重磨损或损坏   D. 换向器脏污严重
4. 电磁开关吸合不牢的原因是(   )。
   A. 点火开关接线松动   B. 启动机轴承过松
   C. 电磁开关保持线圈断路   D. 飞轮齿严重损坏
5. (   )不会造成启动机启动时出现异常声响。
   A. 启动机固定螺丝松动   B. 蓄电池电荷量充足
   C. 离合器壳松动   D. 启动机开关接通时间过早
6. (   )会引起充电指示灯不亮。
   A. 交流发电机的传动皮带过松 B. 调节器的调节电压过低或其内部电路有故障
   C. 发电机磁场绕组短路   D. 保险丝烧断
7. (   )会造成发电机不充电。
   A. 发电机转速低   B. 蓄电池不亏电
   C. 电压调节器故障   D. 充电指示灯灯丝断路

8. 一台汽车的充电指示灯时亮时灭,不可能的原因是(　　)。
A. 传动皮带挠度过大而出现打滑　　B. 发动机转速过高
C. 发电机个别整流二极管断路　　　D. 电压调节器调节电压过低

9. (　　)会造成蓄电池充电不足。
A. 电压调节器调节电压过高　　　　B. 发电机传动皮带过松或损坏
C. 车速过低　　　　　　　　　　　D. 汽车运行时的用电量过大

10. 下列操作正确的是(　　)。
A. 一次启动时,启动机最长可通电 10~15 s
B. 发电机在运转时,可使用试火方法检查发电机是否发电
C. 发动机熄火后要及时将点火开关断开
D. 在检查皮带张紧度时,可提高发电机皮带的张紧度

汽油发动机供油系统故障的诊断与排除

📖 项目描述

　　汽油发动机供油系统出现故障,将使发动机启动困难,动力性、经济性下降,工作异常,怠速不稳和排放超标,甚至发动机无法运转。

　　供油系统故障很多,主要存在"堵、漏、坏"三个方面的原因。

🔧 学习目标

1. 知识目标

(1)熟悉发动机供油系统常见故障产生的原因。

(2)熟悉发动机供油系统的相关电路图及控制原理。

(3)能对发动机供油系统引起的故障进行分析和总结。

2. 技能目标

(1)能进行供油系统的实物与图纸的对应查找。

(2)能针对供油系统的故障现象初步判定供油系统故障的原因与方法。

(3)能对供油系统的故障进行正确的诊断与排除。

(4)能利用仪器设备对供油系统相关零部件进行正确的检测。

任务一　燃油系统无油故障的诊断与排除

任务目标

　　通过对燃油系统无油故障诊断思路的分析,了解燃油系统无油故障产生的原因,能利用各种仪器、方法和手段对燃油系统无油进行检测,确定故障所在部位,最终排除故障。

任务导入

　　车主反映迈腾 1.8TSI 汽车在行驶过程中,发动机突然加速无力,发动机故障灯报警。

必备知识

一、燃油供给系统的相关知识

燃油供给系统的作用是供给发动机燃烧过程所需的燃油,燃油供给系统主要由燃油泵、燃油滤清器、燃油压力缓冲器、燃油压力调节器、喷油器等组成,如图3-1所示。燃油泵将燃油从燃油箱中吸出后,经过燃油滤清器滤除杂质和水分后,再经过燃油压力缓冲器使其油压脉动减小。燃油压力调节器控制燃油分配管的油压(通常为250～300 kPa)后,送至各缸喷油器或冷启动喷油器。喷油器则根据ECU发出的指令,将计量后的燃油喷入各进气歧管或稳压箱中与流入发动机内的空气进行混合,形成可燃混合气。发动机在正常工况时的喷油量由安装在进气门前的各喷油器(MPI)或位于节气门体位置的喷油器(SPI)的通电时间来决定。

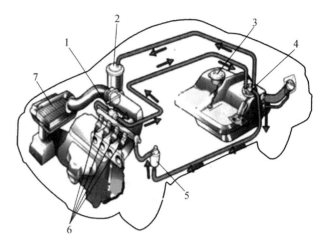

1—燃油压力调节器;2—燃油蒸气回收罐;3—油量传感器;
4—燃油泵;5—燃油滤清器;6—喷油器;7—空气滤清器
图3-1 燃油供给系统的组成

二、燃油系统故障诊断思路

燃油系统无油故障诊断流程如图3-2所示。

三、故障原因

(1)燃油油箱无油。

(2)燃油供给系统中油路严重堵塞,如汽油滤清器、油管堵塞。

(3)燃油泵电机烧坏,燃油泵限压阀和止回阀工作不正常。

(4)燃油泵控制电路接触不良,控制电路中油泵保险丝、继电器损坏。

(5)ECU损坏。

(6)缸内直喷发动机、高压油泵及压力调节阀损坏。

四、故障检测

1. 燃油泵的检测

燃油泵是现代汽车发动机的供油系统中一个重要的零件,其工作不良会造成发动机的供油压力不足、启动困难、加速不良、车辆最高车速下降及汽车间歇熄火甚至发动机无法启动。

(1)燃油泵的就车检测。

① 用专用导线将诊断座上的燃油泵测试端子跨接到12 V电源上。

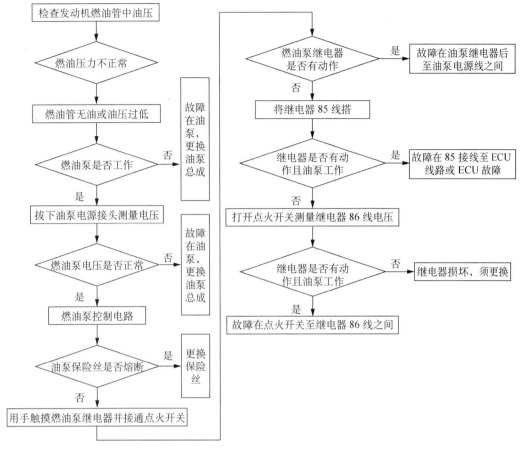

图 3-2　燃油系统无油故障诊断流程

② 将点火开关转至"ON"位置,但不要启动发动机。

③ 打开油箱盖能听到燃油泵工作的声音,或用手捏住进油软管应感觉有压力。

④ 若听不到燃油泵的工作声音或进油管无压力,应检修或更换燃油泵。

⑤ 若燃油泵不工作,且上述检查正常,应检查燃油泵电路导线、继电器、易熔线和熔丝有无断路。

(2) 电动燃油泵的检测。

拔下电动燃油泵的导线连接器,从车上拆下电动燃油泵进行检查。

① 电动燃油泵电阻的检测。

用多用表欧姆挡测量电动燃油泵上两个接线端子间的电阻,即电动燃油泵直流电动机线圈的电阻,如图 3-3 所示。如果经过测量发现电阻过小或过大,说明油泵电枢绕组存在短路、电刷接触不良或绕组断路故障(不同型号的油泵电枢绕组电阻不同,一般在十几欧左右),须更换电动燃油泵。

② 电动燃油泵工作状态的检查。

按图 3-4 将电动燃油泵与蓄电池相接(正负极不能接错),并使电动燃油泵尽量远离蓄电池,每次接通不超过 10 s(时间太长会烧坏电动燃油泵电动机的线圈)。如电动燃油泵不转动,则应更换电动燃油泵。

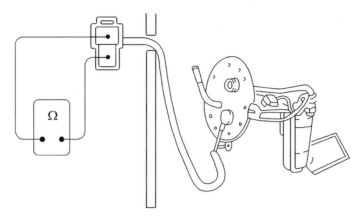

图 3-3 电动燃油泵电阻的检测

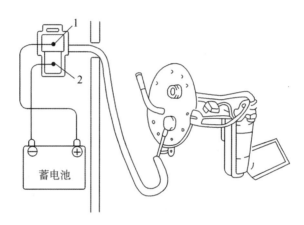

1—燃油泵电源接线端子；2—燃油泵搭铁端子

图 3-4 电动燃油泵工作状态检查

2．燃油泵控制电路的检测

（1）燃油泵继电器的检测。

ECU 控制的电动燃油泵控制系统通常采用四脚继电器，四脚电动燃油泵继电器中有两脚用于接继电器的电磁线圈，另外两脚接继电器常开触点。

用多用表电阻挡测量继电器电磁线圈两脚之间的电阻，图 3-5 中端子 85 和 86 应能导通，阻值应为 70～80 Ω；常开触点两脚之间应不能导通（端子 30 和 87），电阻阻值应为∞，否则，继电器触点粘连。

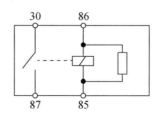

图 3-5 燃油泵继电器开路检测

在电磁线圈两脚之间接上 12 V 电压,同时用多用表电阻挡测量常开触点两脚之间应能导通,如图 3-6 所示。若测量结果不符合要求,应更换电动燃油泵继电器。

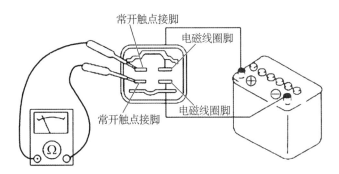

图 3-6 燃油泵继电器的检测

(2) 线路检测。

断开点火开关,拆下燃油泵继电器。用跨接线将燃油泵继电器插接件插孔"a"与"b"连接起来(图 3-7)。

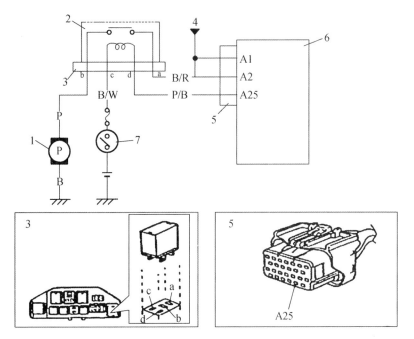

1—燃油泵;2—燃油泵继电器;3—燃油泵继电器插件;
4—主继电器提供的电源;5—ECM 插接件(A);6—ECM;7—点火开关

图 3-7 燃油泵继电器的线路检测

接通点火开关,不启动发动机,若燃油泵工作,油泵继电器损坏。若燃油泵不工作,则"B/R""P/B"线断路或短路,燃油泵有故障。

(3) 检查燃油泵继电器,若燃油泵继电器良好,则"B/W"或"P/B"线断路或短路。若上述线路畅通,则用一个良好的 ECM 更换,并重新检查。

任务实施

一、任务准备

(1) 防护装备：工作服、工作帽、手套、劳保鞋。

(2) 车辆、台架、总成：大众桑塔纳整车或同类发动机台架。

(3) 车间设备：举升器、工具车。

(4) 检测设备：多用表、测试灯泡、专用短接线、二极管试灯、燃油压力表。

(5) 专用工具：燃油管拆装专用工具。

(6) 手工工具：拆装工具一套、气动工具。

(7) 辅助材料：翼子板布和前格栅布、三件套、抹布、手套、白板笔等。

二、实施步骤

(1) 检查燃油泵是否工作。要判断燃油泵是否工作，可以连接燃油压力表，正常情况下应有燃油压力。若无压力，可以在油箱部位贴近加油口听有无燃油泵运转声音，如无声音，可判断燃油泵不工作，此时必须检查燃油泵控制电路的故障。

但燃油泵工作不代表燃油压力正常，燃油压力测试是诊断燃油系统故障的有效方法，可使用燃油压力表进行测试。

(2) 燃油压力检测准备工作。

① 测试前，检查发动机有无漏电、线路短路故障。

② 准备好毛巾、棉纱、储油器、灭火器。

③ 拆卸油管前，先进行泄压操作，方法如下：

a. 拔下油泵熔丝或油泵连接器。

b. 启动发动机，使发动机怠速运转至熄火。

c. 再使发动机启动 2~3 次，就可完全释放燃油系统压力。

d. 关闭点火开关，装上油泵熔丝或油泵连接器。

(3) 油压表的连接。

① 在预留检测接口上连接油压表，如图 3-8 所示。

② 在脉动阻尼器的位置连接油压表（需要拆卸管路），如图 3-9 所示。

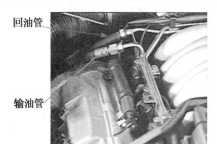
(a) 燃油管管路

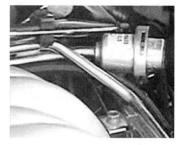
(b) 燃油压力调节器

图 3-8 燃油表连接处

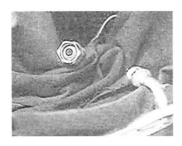
(a) 拆下输油管接头

(b) 接上压力表

图 3-9 燃油表连接处

③ 在拆开的管路上连接油压表。

（4）预供油。

为避免首次启动发动机时因系统内无压力而导致启动时间过长,应先进行油压预供油,其方法如下：

① 通过反复打开和关闭点火开关数次来完成。

② 用专用（或自制）短接线跨接燃油泵继电器端子,使电动燃油泵工作约 10 s。

（5）启动发动机,测试燃油压力。

① 怠速工况下,燃油压力为 0.25～0.35 MPa。

② 加速工况下,燃油压力稳定在 0.25～0.35 MPa。

③ 拔掉油压调节器真空管（如有装备）后,油压变化 0.05 MPa。

④ 发动机熄火,等待 30 分钟以上,保持油压不低于 0.20 MPa。

（6）通过燃油压力表检测燃油系统的燃油压力,可以判断发动机燃油系统的故障,并可以根据故障现象诊断故障原因。常见燃油压力异常故障见表 3-1。

表 3-1 常见燃油压力异常故障

序号	燃油压力	故障部位	故障现象
1	无燃油压力	燃油控制电路及燃油泵	不能启动发动机
2	燃油压力过高	燃油泵及燃油压力调节器	冒黑烟,尾气排放物过多,油耗高
3	燃油压力过低	燃油泵、滤芯、燃油压力调节器	启动困难、加速不良
4	油压不稳定,下降	燃油系统	冷启动困难
5	油压表指针跳动	燃油系统	怠速不稳,加速不良

任务二 供油系统常见故障的诊断与排除

任务目标

针对汽车供油系统的常见故障,分析故障原因,然后利用各种方法、仪器及手段,找到故障点,从而进行修理。

必备知识

一、供油压力过低,导致汽车启动困难

1. 故障现象

汽车在启动的时候,启动不是很顺畅,有时能够启动,但有时启动非常困难。

2. 故障原因

(1) 燃油泵工作不良。

(2) 供给油路中有堵塞的地方。

(3) 油路有泄漏的地方。

3. 故障分析、诊断与排除

当汽车不能顺利启动,经测量是燃油压力过低(发动机前端快捷检测口)造成的,首先要对燃油泵的工作能力进行检查,听其有无工作时的声音,从而初步判断其是否工作。若燃油泵工作,将压力表接入燃油系统出口处油管中,直接测量此处的供油压力,如果压力正常,说明燃油泵的工作能力没有问题,问题在油路中,可对油路进行泄漏、堵塞的检查。对泄漏可进行外观检查,包括看与闻,判断是否有油迹与油味,如果有,则此处很可能就是造成油压低的原因。对堵塞的判断则相对困难些,造成油压低的堵塞主要发生部位为油管和燃油滤清器。如果上述两种情况已经排除,则闻发动机上是否有浓重的汽油味,如果疑是喷油器与油管的连接处发生泄漏,要做进一步的检查。通过以上分析,一般能够诊断出供油系统中油压低的原因,可针对相应原因进行排除。

同时,也不要忽略由于控制不良造成的油压低,比如继电器接触不良,造成油泵间歇工作,这一点要充分注意。

二、供油压力正常而汽车不能启动或启动困难

1. 故障现象

发动机在启动的时候,故障现象与上述供油压力过低时相同。

2. 故障原因

在已知燃油压力正常的情况下,发动机仍然出现不能启动或启动困难的现象,此故障原因多在以下几个方面。

(1) 燃油滤清器堵塞。

(2) 喷油器堵塞。

(3) 电子控制单元(ECU)故障。

(4) 喷油器不喷油或喷油量减少。

(5) 有冷启动喷油器的汽车,冷启动喷油器本身或其控制出现了问题。

3. 故障分析、诊断与排除

在启动多次没有启动着车的前提下,经测量,供油系统的压力正常,此时不要忽视对燃油必经之路的滤清器进行检查。

有时燃油滤清器的堵塞会导致燃油供油压力正常但启动不正常的现象。在不启动时,

燃油能够透过滤清器形成油压,但一经启动,油压迅速下降导致汽车熄火。

目前,汽车燃油滤清器一般安装在发动机附近,便于检查与更换。喷油器的堵塞也会导致此故障的出现,汽车经过一段时间的使用后,油品中存在生胶等因素,造成喷油器的堵塞,使发动机启动时受阻。此时,可通过判断喷油器是否工作来诊断,当喷油器有震动或者测出了喷油脉宽时,表明喷油器已经工作。

排除了汽油滤清器与喷油器的堵塞原因后,就要观察ECU的工作情况。ECU出现故障,造成喷油器不喷油或喷出的燃油量不能满足发动机的启动要求时,可通过替换ECU的方法进行判断,诊断时要特别注意ECU的操作注意事项。

一、上海大众帕萨特B51.8T轿车喷油器故障引起启动困难

1. 故障现象

一辆2002年款上海大众帕萨特B51.8T轿车,该车装备有涡轮增压的四缸电喷发动机,已行驶了近40 000 km,在行驶中换挡加速时,有轻微的锉车现象。

2. 故障分析、诊断与排除

(1) 在检修过程中,首先用金德K81汽车解码器调取故障码为65535,其含义是电控系统无故障存在。接着又检查了各缸火花塞,其火花塞的型号为PFR60,是日本产的铂金火花塞,目测火花塞的电极呈铁锈色,说明各气缸工作良好。

(2) 把燃油压力表专用接口连接到该车的进油管上,启动发动机,燃油压力表指示为340 kPa,属正常值范围。

(3) 对电控系统、油路等进行检测,均未发现异常现象,决定进行清洗喷油器和节气门的常规维护。将四只喷油器从发动机上拆下来,用专用清洗设备把喷油器清洗干净,又做了喷油量的测试,测试结果显示四只喷油器完全达标。

(4) 用节气门清洗剂把节气门体清洗干净,把所有拆下来的零件都复位装好,然后接通点火开关,用金德K81汽车解码器选择基本设定功能,对节气门控制组件进行了基本设定操作,具体操作是:选择组号60进入设定程序,其显示屏出现四行数据,其中第一行00和第二行01项的数值不断变化后,趋于稳定,当第四行最后显示ADPOK时,设定工作完毕。

(5) 启动发动机进行路试,路试中该车换挡加速时有力,无锉车现象。但是,两天后该车车主反映检修后出现了早上发动机不易启动的故障。

(6) 用金德K81汽车解码器读取故障码,故障码仍为65535,系统正常无故障。根据车主所说的故障现象,进行了验证,把车辆停放了2小时后,再启动发动机,启动三次,发动机才启动。因为该车电控系统正常,急速平稳,动力性良好,根据故障现象初步判断油路故障。

(7) 再次把燃油压力表连接到进油管上,启动发动机后,燃油压力表显示为340 kPa,然后发动机熄火,观察燃油压力表指示值的变化,即检测燃油系统内的残压是否正常。10分钟后,燃油压力表指示值下降到了200 kPa,此值低于标准值。

(8) 此时用钳子夹住进油软管,则燃油压力表指示值反弹到220 kPa,同时压力值下降速率减慢,怀疑是燃油泵出油口的单向阀关闭不严泄漏所致。换装一只同型号的燃油泵后,再做燃油系统残压变化测试。先启动启动机,燃油压力表指示值上升到 350 kPa,10 分钟后,燃油压力表的指示值又下降到 200 kPa,继续观察 45 分钟后,燃油系统压力值下降到 0。此时启动三次,发动机才启动,说明燃油系统中仍有泄漏的地方。

检查全部燃油管、燃油压力调节器和喷油器。先仔细检查全部燃油管路,没有发现异常现象;用替换法检查燃油压力调节器,也正常,最后怀疑是喷油器泄漏了。

(9) 把四只喷油器从发动机上拆下来,但还装在输油管上,燃油压力表依然接在进油管上,再启动启动机,使燃油压力值上升到 350 kPa 后,观察喷油器的喷孔。片刻后看到有三只喷油器的喷孔处出现少量燃油,其中两只喷孔处还不时冒出小气泡,10 分钟后,不但燃油压力值下降到 200 kPa,两只泄漏严重的喷油器还滴下一滴燃油。

至此已查找到故障原因。由于喷油器的泄漏,不仅加速了燃油系统内的压力下降,而且还吸入空气,促使燃油流回油箱,所以时间越长,燃油系统内的空气越多,越需要燃油泵长时间工作来排除燃油系统内的空气以提升油压,所以车辆放置时间长不易启动是必然的。

(10) 把这三只喷油器再次清洗后试验,发现还是泄漏,只好换装三只新的同型号的喷油器,再一次做喷油器泄漏测试。启动启动机,燃油压力表指示值上升到 350 kPa,10 分钟后压力值下降到 300 kPa。观察各喷油器的喷孔无泄漏的油痕。把拆下来的零件都复位装好,发动机顺利启动,至此故障完全排除。

3. 故障总结

(1) 怠速控制系统就车简易测试方法如下:冷车时,发动机启动后,应有高怠速。随着发动机温度的上升,发动机的转速平滑地下降到怠速转速。热车怠速时,开启空调后,发动机的转速先下降然后上扬,且转速高于正常怠值;关闭空调,发动机转速先上升再下降到正常怠速值。如果这几项测试均如上所述,则可初步判断怠速控制系统工作正常。

(2) 电喷汽车资料中所提供的燃油系统的残压值是表示燃油压力下降的速率,而不是绝对数值。例如,帕萨特 B7 燃油系统内的残压值是 10 分钟后不小于 250 kPa,随着时间的推移,其残压值还要继续下降,最后残压的绝对数值是多少,随车型的不同而不同,但燃油系统内需要长时间保持一定的残压,以保证随时顺利启动发动机。

(3) 喷油器经常需要保养,一般来说,在保养规定的里程内,定期做保养与清洗是不会出现堵塞现象的。但喷油器的泄漏是其性能劣化所致,使用保养的办法是不能恢复其功能的。

二、别克轿车加速无力

1. 故障现象

一辆别克轿车,已行驶 9 万多公里,用户反映此车在行驶时间过长后会出现加速无力的现象,有时还会有发动机严重抖动,甚至熄火的现象,放置一段时间后,故障有时又会自然消失。

2. 故障分析、诊断与排除

首先使用 TECH2 对发动机系统进行检测,发现两个故障码:P0134(热氧传感器)和 P112(进气温度传感器)。

拆下进气温度传感器,用多用表电阻挡对其进行测试,测得电阻值与实际值相符,在

20 ℃时电阻值约为 3 800 Ω,而且实车测试也有电压信号。发动机着车后从 TECH2 的数据中读取其信号,发现其值与实际温度相符,说明在当前状态下,进气温度传感器及其线路是正常的。同样地,利用检测仪的数据流功能对加热型氧传感器进行检测,发现加热型氧传感器的电压值也在 0.1～0.9 V 范围内变化,而且变化速率达到每 10 秒内 8～9 次,说明加热型氧传感器也符合要求。

从以上检测结果和分析可知,上述两个传感器不会是该故障的主要原因,也不会是传感器本身有问题。通过分析,认为该故障的原因可能是供油系统故障或混合比过低造成的。路试大约 20 公里后,发动机表现出故障,明显感觉加速锉车,节气门开度越大,感觉越明显。出现故障时观察热氧传感器,发现其电压仅为 0.1～0.3 V 左右,停车测量燃油压力,系统压力约为 200 kPa,明显低于规定值(284～325 kPa)。

更换汽油滤芯,拆下汽油泵,由于已经行驶了 9 万多公里,所以对油箱进行了清洁,并测量燃油压力,油压正常,装复后试车,跑了约 30 公里后故障又重新出现,此时测量油压,发现压力仍低,仅为 220 kPa 左右。因为两次检测始终有供油压力偏低的现象,因此将故障锁定在汽油泵的泵油能力上,于是更换了一个新的汽油泵,重新测量油压与试车,故障彻底被排除。

3. 故障总结

此车是由于汽油泵工作不良,造成供油压力不足,怠速和小负荷时汽车没有明显反映出故障来;当车进入大功率区时,发动机就表现出了无力的现象,有时候在油路被堵时,汽车也会表现出相同的故障现象。在诊断这类故障的同时要检测油压,特别要在行车的时候检测油压,效果会更好。

发动机供油系统故障诊断

班级		姓名		小组成员		日期	
1. 问诊 记录故障现象,填写接车问诊单。 故障现象:							
2. 检测 (1) 读取故障码,记录故障码内容。							
故障码 1							
故障码 2							
(2) 分析。根据故障码内容和故障现象,分析应该对哪些系统或零部件进行检查和检测。							
部件名称							
使用仪器							

续　表

（3）检查和检测。			
① 供油系统的基本检查。			

检查项目	检查部位	检查方法	检查结果
堵塞			
泄漏			

② 燃油泵控制电路的检查。

检查项目	电源电压	启动电压	启动继电器	电磁开关	启动电动机
检测结果					

③ 燃油泵和燃油压力调节器的检查。

检查项目	电源电压	启动电压	启动继电器	电磁开关	启动电动机
检测结果					

④ 喷油器的检查。

喷油器阻值		电源电压	

3．诊断

根据检查和检测结果判断故障原因并进行验证。

4．排除故障

写出排除故障的具体方法。

教师评语 评分	

学后测评

1．下列燃油滤清器的安装位置错误的是（　　）。

　A．燃油箱内与油泵一体　　　　　　B．底盘输油管中间

　C．发动机舱进油管上　　　　　　　D．回油管上

2．电喷发动机燃油压力不足，会造成发动机的（　　）故障。

　A．加速不良　　B．油耗过高　　C．排放超标　　D．怠速不稳

3．电喷发动机燃油压力过低的原因有（　　）。

　A．燃油泵磨损　　　　　　　　　　B．燃油调节器故障

　C．燃油滤芯堵塞　　　　　　　　　D．喷油器漏油

4．点火开关为 ON 时，燃油泵有 2 s 工作，说明（　　）。

　A．燃油泵无故障　　　　　　　　　B．ECU 无故障

C. 点火开关无故障　　　　　　　　　　D. 油路无故障

5. 燃油箱中燃油过少,会造成(　　)。

A. 油箱生锈　　　　　　　　　　　　B. 燃油泵烧毁

C. 发动机启动困难　　　　　　　　　D. 车身后面高

6. 连接燃油压力表时,需要(　　)。

A. 对油管进行泄压　　　　　　　　　B. 断开电池

C. 清除发动机故障码　　　　　　　　D. 拔掉油压调节器真空管

7. 拆装油泵总成时,需要(　　)。

A. 对燃油系统进行泄压　　　　　　　B. 断开电池

C. 放干油箱燃油　　　　　　　　　　D. 保护好燃油浮子

8. 用二极管灯测试燃油继电器的控制电路时,启动发动机,二极管灯会(　　)。

A. 点亮　　　　B. 闪烁　　　　C. 熄灭　　　　D. 不亮

9. 塑料燃油箱的优点有(　　)。

A. 防腐蚀　　　　　　　　　　　　　B. 保温性能好

C. 摩擦不易产生火花　　　　　　　　D. 价格低廉

10. 燃油箱变形的主要原因是(　　)。

A. 发生碰撞　　　　　　　　　　　　B. 排气孔堵塞,油箱内气压下降

C. 燃油消耗,油箱内压力下降　　　　D. 安装不良造成挤压

项目四 进气系统故障的诊断与排除

项目描述

汽油发动机进气控制系统出现故障,将使发动机启动困难、怠速不稳、动力不足、加速无力且油耗增加。

进气控制系统主要存在进气控制系统各管路出现漏气及控制元件出现损坏等方面的故障。

学习目标

1. 知识目标

(1) 熟悉发动机进气系统常见故障产生的原因。

(2) 熟悉发动机进气系统的相关电路图及控制原理。

(3) 能对发动机进气系统引起的故障进行分析与总结。

2. 技能目标

(1) 针对所操作的汽车,能进行进气系统的实物与图纸的对应查找。

(2) 针对汽车出现的故障现象,可初步判断进气系统故障的原因或方向。

(3) 掌握汽车发动机进气系统的相关零部件的检测方法,能对发动机进气系统的故障进行正确的诊断与排除。

任务一 发动机怠速不良故障的诊断与排除

任务目标

通过对发动机怠速不良故障诊断思路的分析,了解发动机怠速不良故障的产生原因,能利用各种仪器、方法及手段对发动机怠速不良进行检测,确定故障所在部位,最终排除故障。

任务导入

一辆大众迈腾汽车,装有 B7 电控汽油发电机,行驶里程为 100 000 km,客户报修发动机怠速不稳。

必备知识

一、进气控制系统的相关知识

1. 怠速控制系统的类型

目前常见的怠速控制有两种基本类型:一是直接控制节气门全关的最小开度,即所谓的节气门直动式,如图 4-1 所示;二是控制节气门旁通管路中的空气流量,即所谓的旁通空气式,如图 4-2 所示。

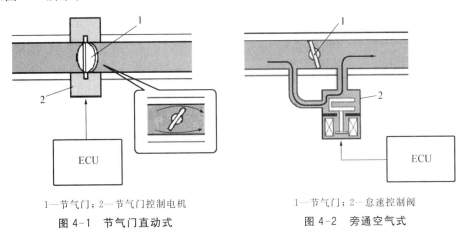

1—节气门;2—节气门控制电机　　　　　1—节气门;2—怠速控制阀

图 4-1　节气门直动式　　　　　　　　　图 4-2　旁通空气式

怠速控制系统主要由相关的传感器、执行器和电控单元组成,各组成部分的名称及功能如表 4-1 所示。

表 4-1　怠速控制系统各组成部分的名称及功能

元　件	名　称	功　能
传感器	转速传感器(Ne 信号)	检测曲轴转速
	节气门位置传感器	检测发动机处于怠速状态
	冷却液温度传感器	检测发动机冷却液的温度
	启动开关信号	检测正在启动中
	空调开关(A/C)信号	检测空调的工作状态
	车速(里程)传感器	检测车速
	自动变速器挡位开关信号(P/N)	检测换挡手柄位置
	液力变矩器负荷信号	检测液力变矩器负荷变化
	动力转向开关信号	检测动力转向工作状态
	发电机负荷信号	检测发电机的工作状态
执行器	怠速控制阀	控制节气门旁通管路中的空气量
ECU	根据从各传感器输入的信号,把发动机的实际转速与各传感器输入的信号所决定的目标转速进行比较,根据比较得出的差值,确定相当于目标转速的控制量,去驱动控制空气进气量的执行器,使怠速转速控制在目标转速上	

在 ECU 的 ROM 中存储有各种怠速工况下的最佳转速——目标转速。发动机怠速运转时,ECU 将发动机的实际转速与由各传感信号所决定的目标转速进行比较,根据比较所得差值,确定相当于目标转速的控制量,去驱动控制空气进气量的执行器,使怠速转速保持在标定转速附近。

2. 节气门直动式怠速控制系统

桑塔纳 2000Gsi,捷达 GT、GTX 以及红旗 CA7220E 等型轿车,就采用了节气门直动式怠速控制执行机构,由节气门控制组件 J338 对怠速进行综合控制,节气门控制组件如图 4-3 所示。

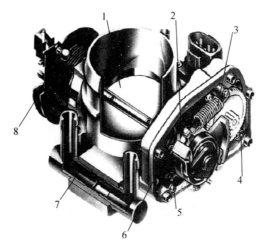

1—节气门;2—节气门定位计;3—应急运行弹簧;
4—节气门电机;5—节气门电位计;6—怠速触点;7—加热水管;8—节气门拉索

图 4-3 节气门控制组件

节气门控制组件 J338 与发动机电控单元 ECU 的电路连接关系如图 4-4 所示。

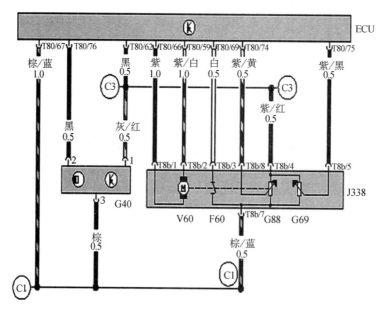

图 4-4 节气门控制组件与电控单元 ECU 连接图

节气门电位计 G69 安装在节气门轴上,与驾驶员操纵的加速踏板联动。它将节气门开度转换为电信号输送给电控单元,作为电控单元判断发动机运转工况的依据。在配装自动变速器的汽车上,电控单元还要利用该信号来控制自动变速器。

3. 旁通空气式怠速控制执行机构

旁通空气式怠速控制执行机构,在节气门的旁通气道内设立一个阀门,阀门开大,旁通气道截面增大,空气流量增大,怠速转速提高;反之,怠速转速降低。常见的控制形式有步进电动机式、旋转滑阀式和线性脉冲电磁阀式。

(1)步进电动机式怠速控制。步进电动机式怠速控制阀由永磁转子、定子绕组总成和把旋转运动变成直线进给的丝杆以及阀门等部分组成,如图 4-5 所示。步进电动机的转子——阀座可在 ECU 的控制下,顺时针或逆时针旋转一定的角度,通过进给丝杆带动阀轴轴向移动,改变阀与阀座之间的截面积,进而调节流经节气门旁通气道的空气量。

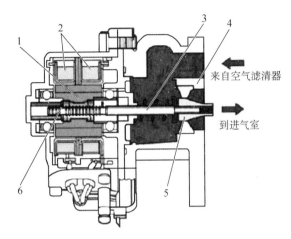

1—转子;2—定子线圈;3—阀轴;
4—阀座;5—阀;6—停止销

图 4-5 步进电动机式怠速控制阀结构

步进电动机式怠速控制电路如图 4-6 所示。ECU 按照一定的顺序使 Tr1～Tr4 晶体管适时导通,分别向步进电动机四个定子绕组供电,驱动步进电动机旋转,通过调节旁通空气进气量来调节怠速转速。

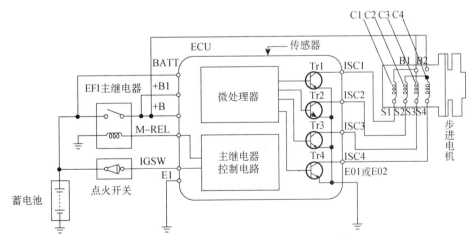

图 4-6 步进电动机式怠速控制电路图

(2)步进电动机式怠速控制相关注意事项。
① 调整发动机怠速,应在发动机运转至正常温度情况下进行。
② 各缸跳火试验时要注意安全。

③ 检查气门间隙时要在发动机不发动的情况下进行。
④ 调整发动机怠速后，应用废气分析仪检测发动机排污物是否达标。

二、进气控制系统故障诊断思路

进气控制系统故障诊断流程如图 4-7 所示。

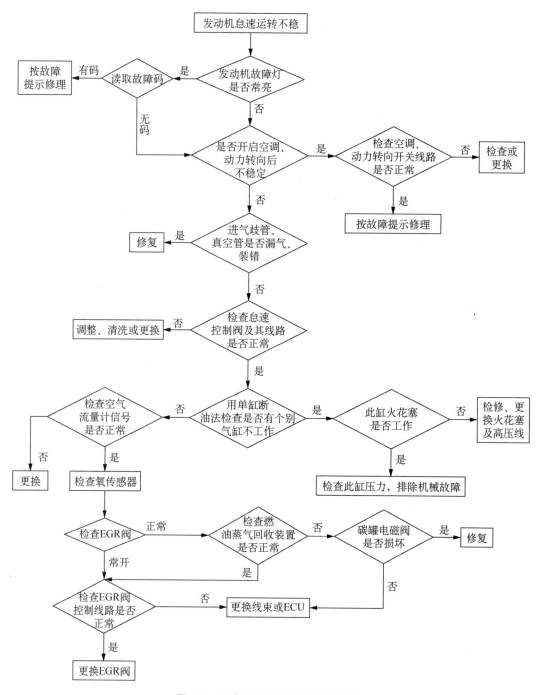

图 4-7　进气控制系统故障诊断流程

三、故障原因

(1) 怠速控制阀或线路故障、怠速空气通道堵塞。

(2) 节气门位置传感器信号不良。

(3) 氧传感器故障。

(4) 进气歧管漏气。

(5) 个别气缸不工作。

(6) EGR 阀常开。

(7) 燃油蒸气回收装置工作不良。

(8) 空气流量计、进气压力传感器信号不良。

(9) 空调开关、动力转向开关信号不良。

(10) 电子控制单元损坏。

(11) 气缸压力过低。

(12) 水温传感器故障。

(13) 废气再循环系统工作不正常。

(14) 喷油器雾化不良或堵塞。

任务实施

1. 设备、工具和材料准备

(1) 技术状况良好的发动机总成一台,排除故障时可用于更换的、性能合格的零部件若干。

(2) 火花塞套筒、缸压表、废气分析仪、感应式发动机转速表、塞尺各一件,常用工具一套。

2. 操作步骤

(1) 先启动发动机,仔细听进气系统是否有漏气声,如果有漏气声,应检查以下部位:

① 真空装置及管路是否有老化、破裂、脱落,进气歧管衬垫等处是否有漏气。

② 空气滤清器是否堵塞。

③ 曲轴箱通风装置是否失效。

如果进气系统没有漏气声,则进行下一步检查。

(2) 检查个别气缸不工作或工作不良。个别气缸不工作或工作不良的诊断可采用单缸断火法。若单缸断火后,发动机转速明显下降,表明该气缸工作良好;若某气缸断火后,发动机转速不下降或下降不明显,均表明该气缸不工作或工作不良。查出个别气缸不工作或工作不良后,再判断是点火系统故障还是发动机机械内部故障导致个别气缸不工作或工作不良。拔下该气缸的高压分缸线距缸体 5~7 mm 进行跳火,火花应呈蓝白色或紫蓝色。若火花弱,说明点火系统存在故障;若火花符合要求,则说明发动机机械内部存在故障或火花塞存在故障。

① 点火系统故障检查。先检查分电器凸轮磨损情况,再检查分电器轴松旷程度。如果都符合要求,检查分电器盖是否漏电或窜电,再用多用表电阻挡测量分缸高压线的电阻。如果电阻为无穷大,则说明分缸高压线断。

② 机械内部故障检查。用缸压表逐缸测量,每缸测量三次,取最大值。正常情况是:各

缸缸压不低于规定值的 8%,各缸缸压差应不大于 3%,一般汽车的缸压为 1.0～1.3 MPa。用向该缸内加机油的方法确诊是活塞连杆组故障还是气门组故障,如果各气缸都正常,则进行下一步工作。

(3) 检查发动机点火正时。将 1 缸活塞转到压缩上止点,检查分电器的分火头是否指向 1 缸分缸线头上。如果不是,则进行调整。

(4) 检查气门间隙。先用规定的扳手松开锁紧螺母,把规定厚度的塞尺插入气门脚上,用螺钉旋具转动调整螺母,使气门间隙达到规定值。

急速不稳是发动机维修中遇到最多的故障。如果诊断思路不正确,会延长修理时间,降低工作效率。

任务二 进气系统常见故障的诊断与排除

任务目标

针对汽车供油系统的常见故障,先分析故障原因,然后利用各种方法、仪器及手段,找到故障点,从而进行修理。

必备知识

一、进气不足,急速不稳或启动困难

1. 故障现象

由于进气不足造成的发动机启动困难与急速不稳,表现为启动机能带动发动机按正常速度转动,有明显的着车征兆,但不能启动,或需要连续多次启动,或长时间转动发动机才能启动。启动后,急速明显不稳定,且容易熄火。

2. 故障原因

(1) 进气系统中有漏气。

(2) 燃油压力太低。

(3) 空气滤清器堵塞严重。

(4) 水温传感器故障。

(5) 空气流量计故障。

(6) 急速控制阀或附加空气阀故障。

(7) 冷启动喷油器不工作。

(8) 喷油器漏油、雾化不良、堵塞。

(9) 点火正时不正确,火花塞工作不良。

(10) 启动开关至电脑的连接线断路。

(11) 气缸压缩压力太低。

二、动力不足，加速无力

1. 故障现象

发动机无负荷运转时基本正常，但带负荷运转时加速缓慢，上坡无力，加速踏板踩到底时仍感觉动力不足，转速不能提高，达不到最高车速。或踩下加速踏板后发动机转速不能马上升高，有迟滞现象，或在加速过程中发动机有轻微的抖动。

2. 故障原因

（1）空气滤清器堵塞。
（2）节气门调整不当，不能全开。
（3）燃油压力过低。
（4）喷油器堵塞或雾化不良。
（5）水温传感器故障。
（6）空气流量计故障。
（7）点火不当或高压火花过弱。
（8）废气再循环系统工作不正常。
（9）发动机气缸压缩压力过低。

三、控制异常，油耗增加

1. 故障现象

汽车在正常行车时，表现出来动力强劲，但是油耗增加，有时候热车行驶中会突然熄火，熄火后立即启动而不能着车，等待或摘掉空气滤清器后可正常着车。

2. 故障原因

（1）空气流量传感器在汽车高速行驶时，信号出现偏差，大于正常数值。
（2）进气温度传感器信号出现偏差，造成 ECU 不能够正确判断空气温度而配油超高。
（3）节气门位置传感器信号出现偏差，造成 ECU 不能够正确判断。

四、发动机声音异常，怠速偏高

1. 故障现象

汽车在正常怠速运转时，表现转速偏高，有时候伴随着异响。

2. 故障原因

（1）节气门接口处有泄漏。
（2）进气歧管连接处有泄漏。
（3）节气门后方进气管路中有泄漏。

总结以上故障现象及原因，进气系统常见的零部件故障有空气滤清器堵塞、空气流量传感器元件本身或线路损坏、进气温度传感器元件本身或线路损坏、进气管漏气、节气门位置传感器接触不良或信号失准等。此时，会造成车辆启动困难、怠速不稳、加速不良、油耗增加和易熄火等故障。

实例分析

一、雷克萨斯轿车怠速不稳定，行驶加速无力

1. 故障现象

一辆雷克萨斯 LS400 轿车，怠速工况不稳定，行驶时加速无力，同时 CHECK 灯亮。

2. 故障分析、诊断与排除

维修人员首先进行了故障确认。上路试车，确实有驾驶员所说的症状存在。继续向用户咨询，没有得到其他故障的相关信息。于是进行了如下检测：先利用 OBD 进行自诊断，然后用解码仪读取故障，此时故障码为 25，即空燃比过大，也就是"混合气浓度过低"。

会引起混合气浓度变化的系统包括进气系统、燃油系统和电控单元等。对进气系统而言，造成混合气浓度过稀的主要原因如下：

（1）进气系统漏气。

在空气流量计之后的进气管道中如果出现密封不严或破损，导致没有经过计量的空气进入气缸，就会造成混合气过稀。

（2）进气通道堵塞。

由于进气通道出现堵塞（空气滤清器脏污、潮湿等），会影响到发动机的进气量，空气流量计检测到进气少后，会给 ECU 一个空气量少的信号，ECU 就会控制喷油器少喷油。

（3）空气流量计（MAF）或进气压力传感器（MAP）故障。

空气流量计或进气压力传感器发生故障，造成空气计量不准，也就是说，空气流量计或进气压力传感器传送给 ECU 的进气量信号与实际进入气缸的空气量不符，所以这时的混合气是不能满足发动机工况要求的。

按先易后难的原则，先检查前两项，发现空气滤清器脏污，更换空气滤清器，故障排除，试车上路确认故障消失。

3. 故障总结

由于空气滤清器脏污，造成进气量小，因而进入气缸的混合气量小，车辆出现怠速不稳、加速无力以及 CHECK 灯亮的故障，该故障是由于进气堵塞造成的怠速不稳和加速性能不良所致。这里排除故障时遵循了先易后难的原则。

二、桑塔纳时代超人轿车出现怠速游车的现象

1. 故障现象

一辆搭电控系统发动机的桑塔纳汽车，做完第三期保养后出现怠速游车现象，经反复调整无效。

2. 故障分析、诊断与排除

进行电控系统检查，连接 X-431 电眼睛解码器，进入发动机自诊断系统，共调出 6 个故障码，经询问后得知，原来作业时曾打开点火开关试验汽油泵，所以引发了故障码。消除故障码、清洗节气门体并进行了基本设定后，怠速稳定在 760～800 r/min，基本达

到出厂要求。

第二天清晨启动发动机,热车后怠速抖动严重。检查时发现,当拔下空气流量计时,怠速立刻稳定下来,因此决定清洗空气流量计。清洗空气流量计并装复后故障依旧,于是再次连接 X-431 解码器,调出 1 个故障码为空气流量计 G70 对地开路或短路,推测是拔下插头所致,消码后进入数据流 02 组第 4 区,进气空气流量传感器数据在怠速时为 4.0 g/s,做加速动作,可升至 15.0 g/s 以上,响应良好。继续搜索,点火提前角怠速时在 6°～15°范围内波动,由此可见,点火提前角不稳定会引起怠速抖动,返回故障码测试功能,又出现了原故障码,于是用探针测量 G70 插头端子 4,用多用表测量实际信号电压,怠速时为 1.62 V。急加速时可升至 3.0 V 以上,据以往经验,信号输出在正常范围内,因此认为空气流量计 G70 良好。

此时原故障码始终存在,在此期间,偶尔出现一个氧传感器 G39 信号故障码,立即引起了维修人员的注意,进入 33 组 1 区看数据流,读取氧传感器电压为 0.365 V。急加速无任何变化。拔下该传感器插头,电压变为 0.45 V,说明线路良好。

最后得出结论:由于氧传感器中毒,失去活性,ECU 对混合比失控,燃烧不充分,引起点火提前角波动,表现出来的现象便是怠速抖动、尾气重,有"突突"声。

维修人员和驾驶者对此感到不可理解,甚至不能接受,原因有以下两个:

(1) 在保养作业时并未触及排气管上的氧传感器,为什么它会损坏呢?而且维修过的桑塔纳时代超人电喷发动机无此先例。况且,当氧传感器有问题时,也不应该出现如此严重的怠速抖动现象。

(2) 故障码指示的故障部件是 G70 空气流量传感器,为什么故障实际发生在氧传感器上?

维修人员经过一番研究后,最后决定购买新件,更换后进行试车,故障现象消失,为验证效果,再次进入数据流,怠速时的数据完全恢复正常,进行急加速,氧传感器电压随之上升,响应良好。

3. 故障总结

对以上原因可以做以下解释:

(1) 如果是机械方面的原因,不可能在拔下空气流量计插头怠速就好转了,而且 ECU 闭环控制是在热车工况下进行的,冷车工况则是开环控制,这与故障现象是吻合的。

(2) ECU 设定故障码输出的时候,有一个优先过程,也就是当氧传感器信号失常,ECU 优先考虑空气流量计。反过来说,如果空气流量计有故障,混合气一定会失常,氧传感器信号输出会受到影响。

(3) 在保养作业前,没有发现氧传感器有故障也是正常的,非常有可能是在后面的作业中有机油、防冻液等流入排气歧管中,从而加速了氧传感器的失效。

学生工作页

发动机进气系统故障诊断

班级		姓名		小组成员		日期	

1. 问诊
记录故障现象,填写接车问诊单。
故障现象:

2. 检测
(1) 读取故障码,记录故障码内容。

故障码 1		
故障码 2		
故障码 3		

(2) 分析。根据故障码内容和故障现象,分析应该对哪些系统或零部件进行检查和检测。

部件名称		
使用仪器		

(3) 检查和检测。
① 进气系统的基本检查。

检查项目	检查部位	检查方法	检查结果
进气系统堵塞			
进气系统泄漏			

② 进气压力传感器(MPA)和进气温度传感器(THA)检测。

检查项目	电源电压(实测值/标准值)	输出电压(实测值/标准值)
进气压力传感器(MPA)		
进气温度传感器(THA)		

3. 诊断
根据检查和检测结果判断故障原因并进行验证。

4. 排除故障
写出排除故障的具体方法。

教师评语 评分	

学后测评

1. ( )会造成汽车加速无力。
   A. 三元催化转换器失效　　　　　B. 空气滤清器堵塞
   C. 电控燃油泵不工作　　　　　　D. 喷油器滴漏

2. 叶片式空气流量计在拆下单件检查时,在部分打开与不开时出现 Fc 与 E1 之间无穷大的情况,这说明( )。
   A. 叶片式空气流量计损坏　　　　B. 叶片式空气流量计良好
   C. 不能判断　　　　　　　　　　D. 可造成汽车启动困难

3. 技术师傅甲说:叶片式空气流量计 Fc 与 E1 之间的电压在发动机工作与不工作时都是 12 V。技术师傅乙说:叶片式空气流量计 Fc 与 E1 之间的电压在发动机没有启动时是 12 V,启动后是 0 V。那么( )。
   A. 甲说得对　　　　　　　　　　B. 乙说得对
   C. 甲、乙说得都对　　　　　　　D. 甲、乙说得都不对

4. 丰田凌志 LS400 型轿车卡门涡流式空气流量传感器在点火开关接通时,Vc 与 E1 之间的电压应在( )。
   A. 12 V 左右　　B. 5 V 左右　　C. 2 V 左右　　D. 没有固定值

5. 在对日产 VG30E 型发动机热线式空气流量传感器进行检查时,用小的电风扇给空气流量传感器的进风口吹风,同时用多用表电压挡测量端子 B(输出电压)和 D(接地)之间的电压,在吹风的时候其电压正常值为( )。
   A. 1.6 V 左右　　　　　　　　　B. 12 V 左右
   C. 3 V 左右　　　　　　　　　　D. 数值不能确定

6. 师傅甲说:进气歧管绝对压力传感器不能进行单体检测。师傅乙说:进气歧管绝对压力传感器可进行单体检测。下列说法正确的是( )。
   A. 甲说得对　　　　　　　　　　B. 乙说得对
   C. 甲、乙说得都对　　　　　　　D. 甲、乙说得都不对

7. 当进气温度传感器本身或线路出现故障时,发动机一般不会出现( )的故障现象。
   A. 不易启动　　B. 急速不稳　　C. 尾气排放超标　　D. 不能启动

8. 普通线性节气位置传感器的端子一般不包括( )。
   A. 急速触点　　　　　　　　　　B. 油泵开关
   C. 节气门位置信号　　　　　　　D. 接地

9. 对于电子节气门位置传感器的检测,最佳方法是( )。
   A. 单件检测法　　B. 多用表检测法　　C. 示波器检测法　　D. 数据流检测法

10. 在对本田雅阁轿车所用的急速空气控制系统进行检测时,如果出现故障码 14,可能的原因是( )。
    A. 急速空气控制阀堵塞　　　　　B. 急速空气控制阀阀门开度不对
    C. 插接器插头接触不良　　　　　D. 没有故障

点火系统故障的诊断与排除

项目描述

点火是发动机工作的首要条件,发动机无法启动时,先要确定点火系统是否正常。可以就车检测高压火花,高压试火要在确保燃油系统无泄漏、试火条件安全的前提下进行,必要时可以切断燃油系统。

学习目标

1. 知识目标

(1) 能描述电控发动机点火系统的工作原理。
(2) 能掌握电控发动机点火系统电路的检测方法。
(3) 能描述诊断并排除点火系统故障的思路及方法。

2. 技能目标

(1) 能正确测试高压点火。
(2) 能检测点火系统电路故障。
(3) 能根据电路原理图分析点火系统故障。

任务一 点火系统无高压火故障的诊断与排除

任务目标

通过对发动机点火系统无高压火故障诊断思路的分析,了解点火系统无高压火故障的原因,能利用各种仪器、方法及手段对点火系统进行检测,确定故障所在部位,最终排除故障。

任务导入

一辆丰田卡罗拉轿车,配 1ZR-FE 发动机,行驶里程为 10 万公里,发动机无法启动,试验高压火,发现无高压点火。

必备知识

一、点火系统的相关知识

根据点火形式汽车电控发动机点火系统可分为单缸独立点火和双缸同时点火两种类型,车主可根据点火线圈的数量区分,每缸一只点火线圈的为单缸独立点火系统,两缸共用一只点火线圈的为双缸同时点火系统。

点火系统没有高压火是发动机不能启动且没有启动征兆的典型故障,通常和曲轴位置传感器、点火模块、点火线圈及其控制电路有关。

以下分别以大众桑塔纳3000型BTK发动机(双缸同时点火)和丰田卡罗拉发动机(单缸独立点火)为例,介绍无高压火故障的诊断与排除方法。

二、桑塔纳3000点火无高压火故障诊断

火花塞跳火的条件取决于供给其击穿火花塞间隙间介质的高压电,火花塞间介质的电阻越小,越容易击穿而产生火花。新鲜混合气的电阻小,容易击穿产生火花,而燃烧废气的电阻大,故不易击穿产生高压火花。双缸点火系统的点火线圈同时供给1、4缸(或2、3缸)高压电,进气气缸的火花塞极易产生高压火花而点火,而排气气缸的火花塞则不易产生高压火花(有火花不会产生燃烧),因此双缸点火其实是一个有效点火,一个无效点火,90%以上的点火能量集中在进气缸的火花塞上。

图5-1所示为桑塔纳3000双缸点火系统电路图。点火线圈(含点火模块)总成由两点火线圈和放大控制电路组成,1、4缸共用一只点火线圈,2、3缸共用一只点火线圈,控制单元J220分别输入1、4缸点火信号和2、3缸点火信号。由电路图可知:若1缸若无高压火,则4缸也无高压火;若2缸无高压火,则3缸也无高压火。因此,测试1缸可以得知4缸有无点火,测试2缸可以得知3缸有无点火。

诊断注意事项如下:

(1) 桑塔纳3000更换发动机ECU时需要进行防盗匹配,须参考防盗匹配方法操作,否则更换ECU后将无法启动发动机。

(2) 在对第1缸试火时,第4缸必须良好;对第2缸试火时,第3缸必须良好。

(3) 点火线圈的正极电源由燃油泵继电器控制,燃油泵继电器又由发动机ECU控制其工作,而发动机ECU只有接到曲轴位置传感器的信号,才能控制燃油泵继电器的工作。因而点火线圈的电源只有在ECU接收到转速信号时才会有电压。

三、点火系统故障诊断思路

1. 有分电器的点火系统故障诊断思路

有分电器的点火系统故障诊断流程如图5-2所示。

2. 无分电器的点火系统故障诊断思路

无分电器的点火系统故障诊断流程如图5-3所示。

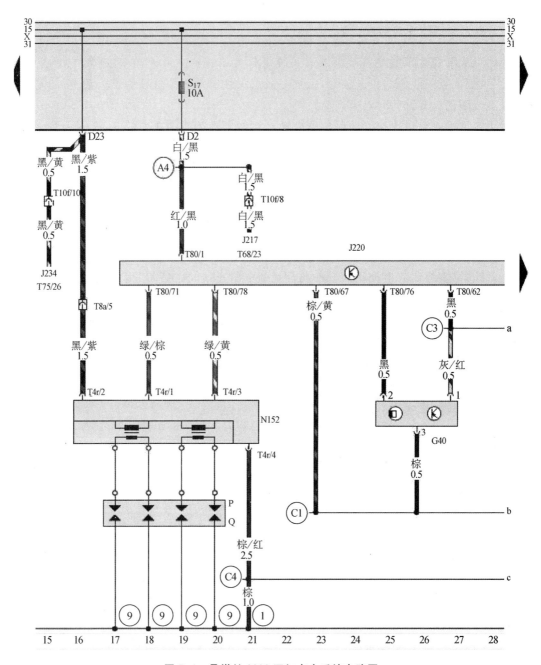

图 5-1 桑塔纳 3000 双缸点火系统电路图

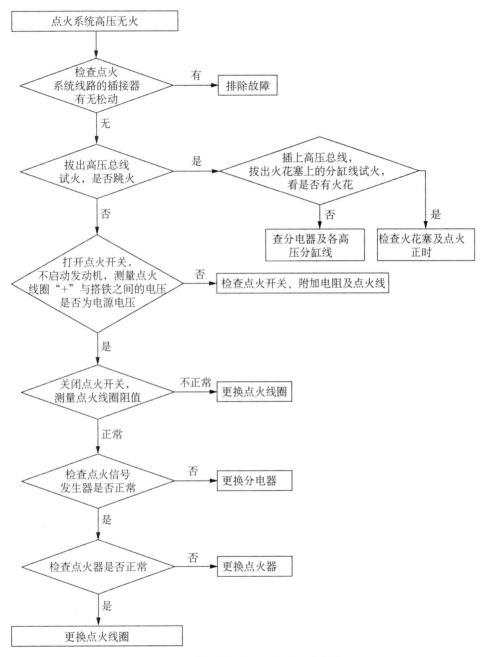

图 5-2　有分电器的点火系统故障诊断流程

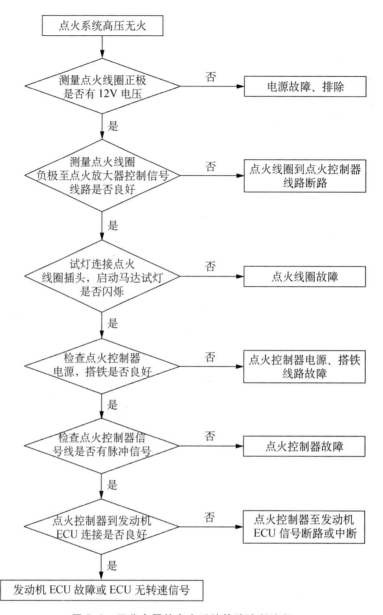

图 5-3　无分电器的点火系统故障诊断流程

1. 工作准备

（1）防护装备：工作服、工作帽、手套、劳保鞋。

（2）车辆、台架、总成：桑塔纳 3000 整车或发动机台架。

（3）检测设备：KT600 诊断仪、多用表、二极管试灯。

（4）手工工具：拆装工具一套。

（5）辅助材料：翼子板布和前格栅布、内外三件套、抹布、手套、白板笔。

2. 故障诊断与排除

（1）测试高压火花，验证故障现象。

① 拔出燃油泵熔丝，切断供油电路。

② 拔出点火线圈上（任意一缸）高压线，接上良好火花塞，测试高压火是否正常。如果有高压火，则说明原火花塞不良，应更换火花塞；如果没有高压火，则进行下一步操作。

（2）检查点火线圈电源和搭铁，如图 5-4 所示。

① 断开点火线圈连接器，将点火开关置于 ST（启动挡），用多用表测量点火线圈连接器 T4/2 端子是否有 12 V 电源电压。

② 用多用表测量点火线圈连接器 T4/4 端子是否与车身导通（搭铁），如果不导通，则检查线路开路之处。

（3）检查点火控制信号。使用多用表直流电压挡检测，如果有信号，则说明点火线圈不良；如果没有信号，则进行下一步操作。

（4）检查曲轴位置传感器。使用多用表交流电压挡或示波器测量曲轴位置传感器信号，在点火开关置于 ST 启动位置时，应该有交流电压信号产生。如果没有信号，则表明曲轴位置传感器及线路不良；如果有信号产生，则进行下一步操作。

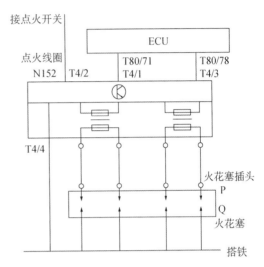

图 5-4 双缸点火系统电路

（5）检查发动机控制单元 ECU。

① 断开点火线圈连接器，用多用表测量点火线圈连接器 T4/1 端子与 ECU 连接器 T80/71 端子是否导通。如果不导通，则表明线路开路；如果线路导通，则进行下一步操作。

② 检查 ECU 的电源和搭铁，若不正常，则检修 ECU 保险丝及搭铁线路；如果 ECU 电源和搭铁正常，则表明 ECU 不良。

重要提示：除非水淹、撞击、短路等事故发生，否则发动机 ECU 损坏的可能性很小，请先仔细检查外围线路，并确认发动机 ECU 是否被防盗锁止（防盗指示灯闪烁），如果处于防盗锁止状态，请先解防盗。

任务二　点火系统常见故障的诊断与排除

任务目标

针对汽车点火系统的常见故障，分析故障原因，然后利用各种方法、仪器及手段，检查故障点，从而进行修理。

一、发动机怠速游车

1. 故障现象

一辆日产风度轿车,发动机怠速时有时出现游车现象,加速到 1 800~2 000 r/min 时也会出现游车现象;无负荷时急加速顺畅,但排气管汽油味浓;当急加速收油后,有时发动机会熄火,转动方向盘和开空调挂挡时也会熄火。

2. 故障分析、诊断与排除

首先从用户那里知道,该车为二手车,过户不久,对于以前的汽车情况不是很了解。于是维修人员做了以下的检查与分析。

(1) 利用 OBD 进行自诊断。

用"SNAP-ON"MT2500 检测仪读取故障码,显示电控系统工作正常。根据没有故障码的情况与故障现象分析,初步判断有可能是怠速控制阀脏污引起上述现象,因为急加油收油后要回到怠速状态,此时是由怠速控制阀控制的。在转动转向盘和开空调时发动机的负荷增大,其怠速提升由 IACV-FICD 电磁阀 2 和 IACV-FICD 电磁阀 1 分别进行控制。转动转向盘时动力转向油压开关接通,控制 IACV-FICD 电磁阀 2 工作;当开空调时,空调继电器控制 IACV-FICD 电磁阀 1 工作。

(2) 检查怠速控制阀。

将怠速控制阀拆卸下来进行检查,结果发现积炭较多。

由于怠速控制阀积炭较多,造成怠速时进气量减小,ECU 会给怠速控制阀调整信号,调整怠速进气量,于是出现游车现象。

怠速控制阀经清洗后,怠速时不再游车,并且开空调和转动转向盘时发动机熄火频率明显降低,但有时还会熄火,并且还会出现挂挡后熄火和加速到 1 700~1 900 r/min 时发动机游车的现象,排出的废气仍然汽油味很大,至此,故障仍没有完全排除。于是又按照以下步骤进行了相应的检查:

① 检查燃油系统供油压力,结果正常。

② 检查高压火和火花塞等部件,结果正常。

③ 读取动态数据流,节气门位置传感器信号、空气流量传感器信号和喷油脉宽等均正常,但发动机怠速运转时的点火提前角为 0°,加速到 2 000 r/min 时点火提前角增大到 28°,这是一个异常值。至此,发现了问题的所在部位。

询问驾驶员后得知,近期该车因为曲轴前油封漏油,于是拆开正时齿轮链盖检查,发现正时不准,正时齿轮链推迟了一个齿。重新调整正时,试车,发动机工作正常,故障被彻底排除。

3. 故障总结

汽车出现了游车现象,说明 ECU 在不断地调整发动机的转速。造成"ECU 不断地调整转速"这一现象,要从点火的正确时刻入手。

二、轿车不能启动

1. 故障现象

一辆丰田凯美瑞 2.4 L 轿车,车型为 ACV30L,此车由于交通事故致使车辆前部受碰撞,在保险公司指定修理厂进行了饭金和喷漆方面的修复工作,之后出现了曲轴可以转动但发动机无法启动的故障现象。

2. 故障分析、诊断与排除

据了解此车前部发生冲撞,发动机散热器、空调冷凝器和前部车架都已发生变形,发动机本身并未受损,发动机线束亦完整无损。由此初步判定发动机故障不是由于此事故引起的。

首先用丰田专用故障诊断仪调取发动机数据,发现电脑没有记录故障码,然后进行基本检查和测量,检测项目包括空气滤清器、火花塞、燃油压力、气缸压力及发动机冷却液温度信号等,但均未见异常。

根据丰田轿车发动机故障诊断的基本思路,发动机正常运转需要具备以下基本条件:较高的压缩压力、正确的点火正时及强烈的火花、良好的空气燃油混合气。从已经检测的项目可知:发动机压缩压力正常,火花强度足够,燃油压力也符合标准,用示波器检测发动机启动工况时的喷油脉宽也没有问题。

检测至此,故障根源已经明了,气缸有足够的压缩压力,电脑已经命令喷油器工作并发出点燃混合气的点火指令。在这种情况下,能够造成发动机无法启动的原因只有点火正时不对。在发动机启动工况用诊断仪监测点火正时,仪器显示点火提前角为上止点前 5°,而用正时灯实际检测点火正时,却发现正时灯根本检测不到曲轴胶带盘上的正时记号。

为了进一步证实上述判断,又进行了一个既简单又直接的测试:在断开凸轮轴位置传感器线束连接器的情况下,启动发动机,结果这台停置了近两个月的发动机竟然平稳地启动了。

3. 故障总结

上述故障的分析过程要求维修人员对车的结构特性有足够的了解。丰田凯美瑞轿车配置 2AZ-FE 发动机,此发动机采用了无分电器和高压线的丰田直接点火系统,如图 5-5 所示。

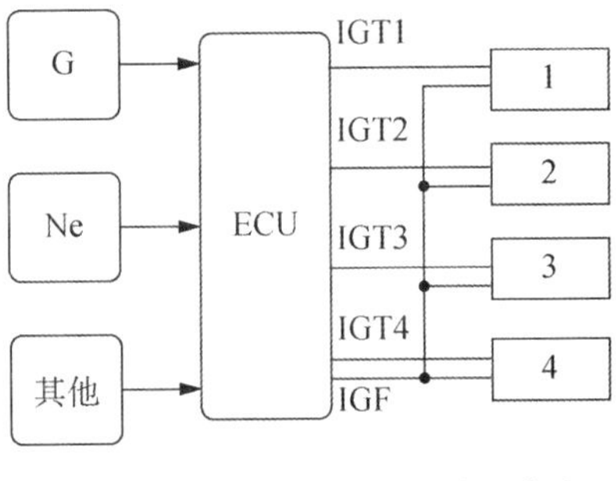

在该车的 DIS 中,点火正时不可人为调整,在启动过程中,发动机电脑根据 Ne 信号和 G 信号计算出基准点火提前角,之后不再进行任何修正。所以,若在此情况下发生点火正时偏移,故障原因只能是 Ne 信号和 G 信号失真。该车发动机凸轮轴位置传感器(G 信号)是由磁铁、铁芯和耦合线圈组成的,安装在进气凸轮轴上的 G 信号发生器有 3 个齿,在凸轮轴转动时,信号发生器的凸齿部分和凸轮位置传感器之间空气间隙的变化导致了磁场的变化,从而在耦合线圈中产生了相应的感应电动势。曲轴位置传感器(Ne 信号)的结构和原理与凸轮轴位置传感器相同,Ne 信号发生器安装在曲轴上

图 5-5 凯美瑞 2AZ-PE 发动机点火系统基本原理图

有 34 个齿。发动机每转 1 圈，Ne 信号传感器产生 34 个信号，发动机在每个工作循环中 Ne 传感器产生 68 个 Ne 信号，凸轮轴位置传感器产生 3 个 G 信号。

发动机电脑根据 Ne 信号和 G 信号来检测曲轴转角、确定气缸并作为喷油正时、点火正时以及可变配气正时（VVT-i）的控制基准。另外，Ne 信号和 G 信号之间还具有相互检测功能，如果 G 信号出现故障，发动机电脑会自动进入故障保护程序，根据 Ne 信号，电脑仍然可以计算出正时基准，但点火正时将被固定在一个预设值。

在确定了故障部位后，用示波器检测 Ne 信号和 G 信号，结果 Ne 信号正常，G 信号异常，G 信号的波形反了。正常 Ne 波形与故障 G 波形如图 5-6 所示。

根据对上述波形的分析，可以确定凸轮轴位置传感器极性被颠倒。检查传感器线路发现传感器一端的 G^+ 端子与发动机电脑的 G^- 端子导通，而传感器一端的 G^- 端子与发动机电脑的 G^+ 端子导通。再进一步检查，发现在凸轮轴位置传感器附近的线路

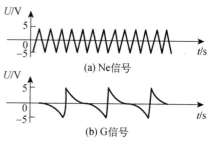

图 5-6　G 与 Ne 信号波形

有处理过的痕迹，剥去缠绕的黑色电工胶布，可以明显看到 G 信号的两根线曾断路，而修复后又被错误连接。将错接的两根线恢复正确连接后，启动发动机，故障现象消失，发动机工作正常。

发动机点火系统故障诊断

班级		姓名		小组成员		日期	

1. 问诊
记录故障现象，填写接车问诊单。
故障现象：

2. 检测
(1) 读取故障码。

故障码 1	
故障码 2	

(2) 分析。根据故障码内容和故障现象，分析应该对哪些系统或零部件进行检查和检测。

部件名称	
使用仪器	

续 表

(3) 检查和检测。

① 点火系统的基本检查。

检查项目	检查部位	检查方法	检查结果
点火正时			
连接线路			
断缸试验			
跳火试验			

② 火花塞的检测。

检查项目	火花塞间隙	电极	绝缘体和垫圈
检查结果			

③ 高压线的检测。

部件名称	第一缸	第二缸	第三缸	第四缸
电阻(实测/标准)				

④ 点火线圈的检测。

部件名称	第一组初级线圈	第二组初级线圈	第一组次级线圈	第二组次级线圈
电阻(实测/标准)				

⑤ 点火控制电路和点火波形。

检查项目	点火电源电压	初级电路波形	次级电路波形	曲轴位置传感器
实测/标准				

3. 诊断
根据检查和检测结果判断故障原因并进行验证。

4. 排除故障
写出排除故障的具体方法。

教师评语 评分	

一、单选题

1. （　　）会造成汽车不能启动。
   A. 三元催化转换器失效　　　　　　B. 点火器损坏
   C. 电控燃油泵性能不良　　　　　　D. 个别喷油器堵塞

2. 接通启动开关时，启动机能带动发动机正常转动，但是不能够启动发动机让其工作，有时出现随车现象，采用调火方法进行判断时，高压火为黄红色，造成这一现象的原因是（　　）。
   A. 点火线圈性能劣　　　　　　　　B. 叶片式空气流量传感器损坏老化
   C. 曲轴位置传感器无信号　　　　　D. 不能判断原因

3. 汽车高速时提速慢的原因是（　　）。
   A. 点火线圈损坏　　　　　　　　　B. ECU 有故障
   C. 个别火花塞故障　　　　　　　　D. 以上都不是

4. 感应式曲轴位置传感器的接线有三个接线柱，三个接线柱分别是（　　）。
   A. 线圈2端与信号输出　　　　　　B. 线圈2端与电源输入
   C. 工作电压、接地与信号输出　　　D. 线圈2端与屏蔽线

5. 在对感应式曲轴位置传感器检测时，其检测项目包括（　　）。
   A. 电阻检测与间隙检测
   B. 电阻检测、间隙检测与输出信号检测
   C. 间隙检测与输出信号检测
   D. 电阻检测与输出信号检测

6. 师傅甲说：感应式曲轴位置传感器不能进行单体检测。师傅乙说：霍尔曲轴位置传感器可进行单体检测，那么（　　）。
   A. 甲说得对　　　　　　　　　　　B. 乙说得对
   C. 甲和乙说得都对　　　　　　　　D. 甲和乙说得都不对

7. 在进行线束导线有无断路故障的检测中，维修人员应该注意（　　）。
   A. 点火开关要在打开的位置　　　　B. 使用多用表的电阻挡
   C. 点火开关要在关闭的位置　　　　D. 断开蓄电池的负极

8. 爆燃传感器最简易的检测方法是（　　）。
   A. 用多用表测量传感器端子与传感器壳体之间的电阻，应为无穷大
   B. 用多用表的2V挡进行单体的检测，敲击传感器表面时，在端子1和2之间有信号电压产生
   C. 用示波器检测其工作波形
   D. 检查发动机工作时，通过点火提前角的调整情况，来判断其是否工作

9. 对于某些车型，丢掉（　　）传感器的信号，可造成汽车不能着车。
   A. 转速　　　　B. 凸轮轴位置　　　　C. 爆燃　　　　D. 进气温度

10. （　　）传感器出现故障时，不会产生故障码。

A. 转速　　　　　　B. 凸轮轴位置　　　C. 爆燃　　　　　　D. 机油压力

二、多选题

1. 以下无法判断单缸独立点火系统中点火线圈好坏的有（　　）。
   A. 多用表测量法　　　　　　　　　B. 故障码读取法
   C. 替换法　　　　　　　　　　　　D. 试火法
2. 火花塞跳火，发现高压火太弱，故障原因可能有（　　）。
   A. 点火线圈电源断路　　　　　　　B. 火花塞老化
   C. 发动机ECU故障　　　　　　　　D. 点火线圈有故障
3. 火花塞不良会造成发动机的（　　）故障。
   A. 怠速不稳　　　　　　　　　　　B. 加速不良
   C. 冷却液温度过高　　　　　　　　D. 排气管冒黑烟
4. 电控发动机发生无高压火故障时，发动机ECU环节的故障原因有（　　）。
   A. 无转速信号　　　　　　　　　　B. 防盗锁止
   C. ECU搭铁不良　　　　　　　　　D. 发动机故障灯不亮
5. 不会影响发动机点火控制的传感器有（　　）。
   A. 曲轴位置传感器　　　　　　　　B. 爆燃传感器
   C. 氧传感器　　　　　　　　　　　D. 凸轮轴位置传感器
6. （　　）点火故障可能引起电控发动机加速不良。
   A. 一缸不点火　　　　　　　　　　B. 点火时间过晚
   C. 点火顺序错误　　　　　　　　　D. 高压线漏电
7. 测量发动机ECU给点火线圈的点火控制信号，适合使用的仪器有（　　）。
   A. 多用表　　　　　　　　　　　　B. 二极管灯
   C. 示波器　　　　　　　　　　　　D. 试灯
8. 发动机ECU输送给点火线圈的点火控制信号波形通常是（　　）。
   A. 正弦波　　　B. 直线波　　　C. 方波　　　D. 脉冲波
9. 导致发动机不易启动的原因主要有（　　）。
   A. 发动机转速传感器损坏　　　　　B. 正时传动带正时不准
   C. 防盗系统有问题　　　　　　　　D. 发动机ECU电压不稳
10. 火花塞电极的检查内容包括（　　）。
    A. 烧蚀的情况　　　　　　　　　　B. 积炭的情况
    C. 间隙的情况　　　　　　　　　　D. 绝缘体的颜色
11. 在进行点火系统的基本检查时，经常要使用的仪器有（　　）。
    A. 多用表　　　　　　　　　　　　B. 示波器
    C. 解码器　　　　　　　　　　　　D. 发动机综合检测仪
12. 当个别火花塞出现故障时，汽车可能会出现（　　）现象。
    A. 怠速不稳　　　　　　　　　　　B. 加速不良
    C. 难以启动　　　　　　　　　　　D. 油耗下降

项目六 冷却与润滑系统故障的诊断与排除

项目描述

发动机冷却与润滑系统出现故障，将使发动机启动困难，动力性、经济性下降，工作异常，怠速不稳和排放超标，甚至发动机无法运转。

冷却与润滑系统故障很多，主要存在"堵、漏、坏"等三方面的原因。

学习目标

1. 知识目标
（1）了解冷却系统与润滑系统的作用。
（2）了解并掌握冷却系统与润滑系统的结构。

2. 技能目标
（1）掌握冷却系统与润滑系统的工作原理。
（2）掌握冷却系统与润滑系统检查维修技巧。

任务一 冷却系统故障的诊断与排除

任务目标

通过对发动机冷却系统故障诊断思路的分析，了解发动机冷却系统故障产生的原因，能利用各种仪器、方法及手段对发动机冷却系统进行检测，确定故障所在部位，进行修理。

任务导入

车主反映桑塔纳 2000 汽车在行驶过程中，发动机突然加速无力，发动机故障灯报警。

必备知识

一、冷却系统的相关知识

1. 冷却系统的组成
冷却系统组成图如图 6-1 所示。

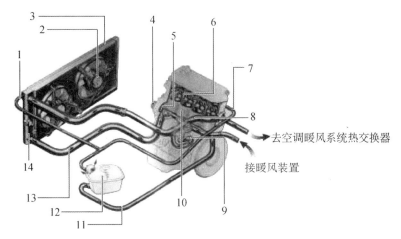

1—过热蒸气；2—电动风扇；3—散热器；4—齿形带轮；5—水泵；6—气缸盖水套；
7—发动机水套排气管；8—冷却液上橡胶软管；9—节气门热水管；10—气缸体水套；
11—冷却液下橡胶软管；12—冷却液膨胀箱；13—进水管；14—电动风扇双速热敏开关

图6-1 桑塔纳2000汽车冷却系统组成

冷却系统主要由水泵、散热器、节温器、风扇、分水管、水套、百叶窗、冷却液温度表或冷却液温度报警器等组成。根据风扇驱动方式的不同，可分为机械风扇式冷却系统和电动风扇式冷却系统，机械风扇式冷却系统普遍采用硅油式或电磁式风扇离合器。现代轿车广泛采用电动风扇式强制冷却系统，其电动风扇由温控开关或控制器控制，且配有膨胀水箱。

2. 冷却系统的功用

冷却系统的功用，是使发动机在所有工况下都能保持在适当的温度范围内（80℃～90℃），既能防止发动机过热，也能防止冬季发动机过冷。在发动机冷启动之后，冷却系统还要保证发动机迅速升温，以尽快达到正常的工作温度。在行车过程中发现冷却液温度表读数异常，冷却液指示灯点亮，应立即停车检查。因为冷却液温度过高将造成发动机过热，零件强度降低，机油变质，磨损加剧，导致发动机动力性、经济性、可靠性等全面下降。冷却液温度过低或发动机长期在低温下工作，均会使散热损失及摩擦损失增加，零件磨损加剧，排放恶化，发动机工作粗暴，功率下降及燃油消耗率增加。

二、冷却系统故障诊断思路

冷却系统故障诊断流程如图6-2所示。

三、故障原因

造成发动机过热的故障原因很多，涉及发动机的各个组成系统（启动系统除外），还与发动机的合理使用有关，具体原因如下：

（1）冷却液液面过低，循环水量不足，或冷却系统严重漏水。

（2）冷却液中水垢过多，致使冷却效能降低。

（3）冷却液温度显示或报警指示有误，如传感器损坏、线路搭铁、指示表失灵等。

（4）散热器芯管堵塞、漏水、水垢过多或散热器片变形，导致冷却效果下降。

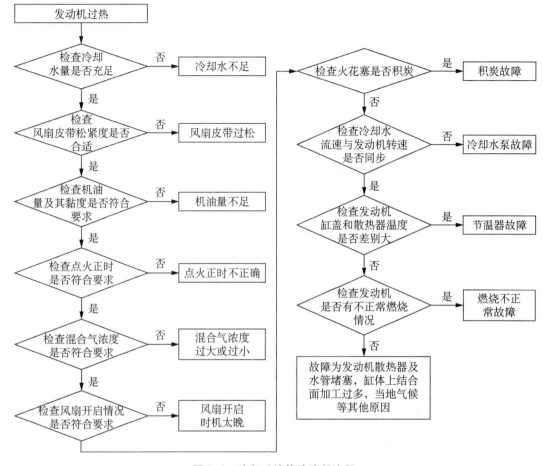

图 6-2 冷却系统故障诊断流程

(5) 风扇传动带松弛或因油污打滑,风扇离合器失效,温控开关、风扇电动机损坏,叶片变形等。

(6) 水泵水量不足,水泵传动带过松或因油污打滑,轴承松旷,水泵轴与叶轮脱转,水泵叶轮、叶片破损,水泵密封面、水封漏水,水泵内有空气等。

(7) 节温器失效,不能正常开启,致使冷却液大循环工作不良。

(8) 冷却水套、分水管等积垢过多、堵塞、锈蚀等。

(9) 点火过迟或过早、混合气过稀或过浓、润滑不良等。

(10) 压缩比过大,缸压过高,爆燃或进、排气不畅等。

(11) 使用不合理,如经常长时间、超负荷工作等。

(12) 空调冷凝器温度过高影响冷却系统散热。

任务实施

1. 工作准备

(1) 防护装备:工作服、工作帽、手套、劳保鞋。

(2) 车辆、台架、总成:桑塔纳 2000 整车或发动机台架。

(3) 检测设备:KT600 诊断仪、多用表、二极管试灯。
(4) 手工工具:拆装工具一套。

2. 故障分析、诊断与排除

(1) 启动发动机,观察故障的不同症状,如出现回火、放炮、加速不良、发动机爆燃等现象,则应检查供油系统或清洗节气门体;如果没有出现以上现象,则进行下一步检查。

(2) 关闭点火开关,检查风扇。

① 检查风扇皮带松紧度是否适当,否则可扳动发电机或动力转向泵进行调整。

② 检查风扇叶片固定情况,叶片是否变形,风扇的风量是否达到要求。其方法是:在发动机运转时,将一张薄纸放在散热器前面,若薄纸被牢牢吸住,说明风量足够;否则应调整风扇叶片的角度。

(3) 检查冷却液。

① 检查冷却液液面高度是否符合要求。

② 检查冷却液中锈皮或水垢是否过多。

(4) 检查电路故障。

① 检查指示系统。可用螺钉旋具将感应塞中心极与发动机机体做搭铁试验。若搭铁后冷却液温度表指针摆动,则说明冷却液温度表良好;若冷却液温度表指针不动,则表明冷却液温度表有故障。

② 检查温控开关及装置。检查方法是:当散热器温度升到 93 ℃~98 ℃时风扇开始转动,当散热器温度下降到 88 ℃~93 ℃时风扇停止转动;否则应进行检修。

(5) 检查散热器。检查散热器外部和内部清洁状况。散热器外部有泥土、油污或散热器碰撞而变形,均影响风量的流过,导致发动机温度过高,应清洗或调整。散热器内部积水垢将会影响冷却液传热,应用化学剂清洗。

(6) 检查节温器。

① 用手接触发动机缸体、缸盖和小循环通水管,正常情况为:温度差应不大,且很烫。如果接触缸盖至散热器的通水管和散热器上部感到不烫,接触散热器下部及下部通水管温度很低,则说明节温器大循环阀门打不开。

② 拆下节温器,将节温器悬挂在水中加热并放入温度计,检查阀门开始开启和全部开启时的温度以及全开出时阀门的升程。

(7) 检查水泵。

① 检查水泵传动带的松紧度。

② 检查水泵泵水能力,检查时用手握住发动机顶部至散热器的通水管,然后由低速到高速,如感到通水管内的流速随发动机转速的增加而加快,则说明水泵工作良好;反之,则表明水泵泵水能力不足。

(8) 检查发动机机械内部方面是否有故障。

学生工作页

发动机冷却系统故障诊断

班级		姓名		小组成员		日期	

1. 问诊

记录故障现象,填写接车问诊单。

故障现象:

2. 检测

(1) 读取故障码。

故障码1	
故障码2	

(2) 分析。根据冷却系统故障内容和故障现象,分析应该对哪些系统或零部件进行检查和检测。

部件名称	
使用仪器	

(3) 检查和检测。

① 冷却系统的基本检查。

检查项目	检查部位	检查方法	检查结果
冷却风扇			
冷却液			
泄漏			

② 冷却风扇电路检测。

检查项目	电源电压	搭铁	高速继电器	低速继电器
检查结果				

③ 冷却液温度传感器检测。

检查项目	工作电压	搭铁	20 ℃~30 ℃电阻值	90 ℃~100 ℃电阻值
实测值/标准值				

3. 诊断

根据检查和检测结果判断故障原因并进行验证。

4. 排除故障

写出排除故障的具体方法。

教师评语 评分	

任务二　润滑系统故障的诊断与排除

任务目标

通过对发动机润滑系统故障诊断思路的分析,了解发动机润滑系统故障产生的原因,能利用各种仪器、方法及手段对发动机润滑系统进行检测,确定故障所在部位,进行修理。

任务导入

车主反映迈腾 1.8TSI 汽车在行驶过程中,发动机突然加速无力,发动机故障灯报警。

必备知识

一、润滑系统的相关知识

1. 润滑系统的组成

桑塔纳 2000 轿车发动机采用压力循环式润滑,润滑油路如图 6-3 所示。油底壳内的机油经机油泵加压和机油滤清器滤清后,被输送到主油道内,然后分两路分别润滑两大机构的曲轴和配气凸轮轴。机油压力表的油压传感器安装在主油道上,是一个常闭式油压开关,通过机油压力表显示主油道内的压力。油压过低报警开关安装在离主油道较远的缸盖配气凸轮轴油道上,是一个常开式油压开关,油压力过低时闭合,并接通红色机油压力过低报警灯警示。

2. 润滑系统的功用

发动机润滑系统有润滑、密封、清洗、冷却、防腐蚀、减震、降噪等的功用,一般汽油发动机机油正常压力为 0.2～0.4 MPa,不低于 0.15 MPa,不高于 0.45 MPa;柴油发动机机油压力因柴油发动机的压缩比高,机械负荷较大而较高,一般为 0.29～0.59 MPa。具体发动机的机油压力许用值可参阅相关维修手册。

汽车在运行中一旦发现机油压力表读数异常或机油压力过低警示灯亮,这时应尽快停车查明原因再做处理。因为在缺失润滑油的情况下,运动部件会急剧磨损,造成发动机损坏。

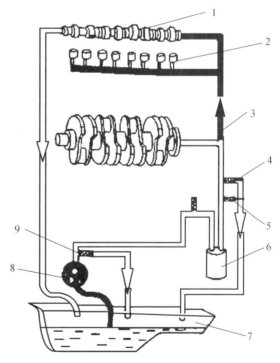

1—凸轮轴;2—液力挺柱;3—止回阀;
4—减压阀;5—油压开关;6—带旁通阀机油滤清器;
7—油底壳;8—机油泵;9—减压阀

图 6-3　润滑系统的组成

3. 影响润滑系统正常工作的主要因素

润滑系统工作的好坏,还取决于发动机其他部件的技术状况。例如,曲轴主轴承间隙变大,机油压力便会降低,据此可判断出轴承的配合情况。冷却系统的温度高低会影响到机油的黏度。冷却液温度高时,会使机油黏度变小,机油变稀,流动性加快,机油压力就会下降,运动副表面难以形成强力油膜,从而加剧机件磨损。冷却液温度低时,会使机油黏度增大,黏滞阻力增加,流动性变差,机油压力就会升高。这时因润滑不良也会加剧运动副表面的磨损。例如,寒冷季节的低温启动磨损,就是气缸壁和曲轴轴颈磨损的主要原因之一。因此,正确选用合适型号的机油是维护发动机的技术状态保持良好的重要条件。

4. 机油压力过低的原因

(1) 外部泄漏(一般可见油迹)。

(2) 运动副(曲轴轴承和轴颈)间因机械磨损间隙变大,润滑液流失快。

(3) 发动机冷却液温度过高造成机油黏度下降,压力下降。

(4) 机油泵内部磨损或限压阀卡滞,内部泄露使泵油能力下降。

(5) 机油压力传感器或机油压力表故障。

5. 注意事项

(1) 在机油压力过低的情况下,发动机工作时间不要过长。

(2) 拆下油压传感器检查油道喷油情况时,应拔掉中央高压线。

(3) 在确定故障完全排除后发动机才能长时间运行。

(4) 在点火开关关闭的情况下检查漏油的部位。

(5) 应先检查机油的质量再检查其他部位。

(6) 检测气缸缸压时要把中央高压线拔下。

二、润滑系统故障诊断思路

润滑系统故障诊断流程如图 6-4 所示。

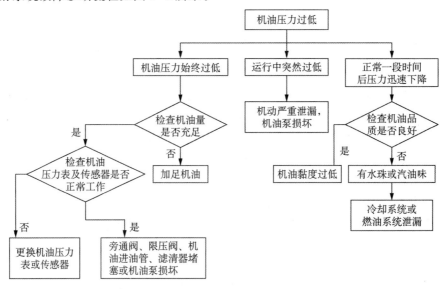

图 6-4 润滑系统故障诊断流程

三、故障原因

机油压力过低有润滑系统的原因,也有非润滑系统的原因,具体原因如下:

(1) 机油油面过低,黏度过小或未按规定换油,油变质以及油中混入汽油、冷却液等。

(2) 机油报警装置显示有误,如传感器、油压开关、油压报警灯、报警器失效等。

(3) 油底壳漏油,放油螺塞漏油,机油管道、接头漏油或堵塞等。

(4) 机油泵工作不良,机油泵进油滤网堵塞等。

(5) 机油限压阀调整不当、卡滞,或限压阀弹簧过软、折断。

(6) 机油集滤器、滤清器堵塞,密封衬垫损坏漏油,旁通阀堵塞等。

(7) 曲轴主轴承、连杆轴承或凸轮轴承配合间隙过大,轴承盖松动,造成泄油量过大,导致机油压力过低。

(8) 点火正时失准、混合气浓度不当、发动机过热等。

任务实施

1. 工作准备

(1) 技术状况良好的发动机总成一台,并按本模块的故障设置要求设置故障。

(2) 性能合格的零部件若干。

(3) 常用工具一套。

(4) 机油压力表一套。

2. 故障分析、诊断与排除

(1) 试车检查。

① 如果油压始终过低,应先拔出机油标尺检查机油量。若机油充足,则应检查机油压力表或传感器。当拆下机油压力表或传感器后短时间启动发动机时,若机油喷出无力,则应检查机油滤清器旁通阀、限压阀、集滤器、机油泵。

② 如果刚启动发动机时油压正常,运转一段时间后油压迅速降低,则应检查油面。若油面正常,则应检查机油质量。

③ 如果运转时油压突然降低,应立即熄火,检查机油有无突然大量泄漏,如机油滤清垫损坏等。

④ 如果启动发动机后机油压力就低,应检查有无泄漏,再检查机油压力表和传感器。

⑤ 如果急加速时伴有轴承异响,则应检查轴承间隙。

(2) 检查机油的数量和品质。

① 检查机油油面:可拔出机油标尺擦干净后检查。在发动机熄灭一段时间,等待机油全部流回油底壳后再进行,并且要停放在平地上。发动机油面应在机油尺最大刻度线与最小刻度线之间。

② 检查机油的品质:可用手指捻试并与规定牌号对比,若机油过稀,则应检查气缸垫、缸体缸盖,如果机油正常,则进行下一步检查。

(3) 判断电路指示系统和润滑系统油路故障。

① 将导线从传感器上拆下,打开点火开关,使导线与机体搭铁。如机油压力表指针急

速上升到头,则说明油压表良好;如机油压力表指针不动,则说明机油压力表失效。

② 拆下传感器,启动发动机,观察出油情况,如流出的机油充足,则说明传感器失效;反之,如油压不足,则说明故障在润滑系统油路上,进行下一步检查。

(4) 检查机油滤清器滤芯是否堵塞,检查旁通阀是否工作正常。如果机油滤清器正常,则进行下一步检查。

(5) 拆检机油泵。

① 油泵简易检验方法。拆下机油泵,使集滤器没入在机油中,用手转动机油泵轴作泵油试验。如发现有大量的泡沫随机油从出油口流出,再堵塞限压阀外部的透气孔,继续泵油,如能使泡沫消失,说明该限压阀柱塞与缸筒配合间隙过大。如泵出的机油无泡沫现象,用布团塞紧出油口,并用手用力按住,继续转动机油泵轴,如此时感到阻力很大,难于转动,则说明机油泵性能良好。

② 拆检测量机油泵的磨损情况,如果机油泵正常,则进行下一步检查。

(6) 解体发动机,检查各轴承的间隙。

发动机润滑系统故障诊断

班级		姓名		小组成员		日期	

1. 问诊
记录故障现象,填写接车问诊单。
故障现象:

2. 检测
(1) 读取故障码。

故障码 1	
故障码 2	

(2) 分析。根据冷却系统故障内容和故障现象,分析应该对哪些系统或零部件进行检查和检测。

部件名称	
使用仪器	

(3) 检查和检测。
① 冷却系统的基本检查。

检查项目	检查部位	检查方法	检查结果
发动机机油量			
发动机机油品质			
机油泄漏			

项目六 冷却与润滑系统故障的诊断与排除

续 表

② 机油压力传感器和润滑油指示灯电路检测。

检查项目	ON 挡是润滑油指示灯状态	发动机启动后润滑油指示灯状态	指示灯工作电压	搭铁
检查结果				

③ 润滑油压力检测。

发动机转速	怠速	2 000 r/min	3 000 r/min	4 000 r/min
实测值/标准值				

3. 诊断

根据检查和检测结果判断故障原因并进行验证。

4. 排除故障

写出排除故障的具体方法。

教师评语 评分	

1. 使冷却水在散热器和水套之间进行循环的水泵旋转部件叫作(　　)。

　A. 叶轮　　　　　B. 风扇　　　　　C. 壳体　　　　　D. 水封

2. 节温器中使阀门开闭的部件是(　　)。

　A. 阀座　　　　　B. 石蜡感应体　　C. 支架　　　　　D. 弹簧

3. 冷却系统中提高冷却液沸点的装置是(　　)。

　A. 水箱盖　　　　B. 散热器　　　　C. 水套　　　　　D. 水泵

4. 采用自动补偿封闭式散热器结构的目的,是为了(　　)。

　A. 降低冷却液损耗

　B. 提高冷却液沸点

　C. 防止冷却液温度过高,蒸气从蒸气引入管喷出伤人

　D. 加强散热

5. 为在容积相同的情况下获得较大的散热面积,提高抗裂性能,散热器冷却管应选用(　　)。

　A. 圆管　　　　　B. 扁圆管　　　　C. 矩形管　　　　D. 三角形管

6. 发动机冷却系统中锈蚀物和水垢积存的后果是(　　)。

　A. 发动机温升慢　　　　　　　　　B. 热容量减少

　C. 发动机过热　　　　　　　　　　D. 发动机怠速不稳

7. 小循环中流经节温器的冷却水将流向（　　）。
A. 散热器　　　　B. 气缸体　　　　C. 水泵　　　　D. 补偿水桶

8. 离心式水泵的进水口位于（　　）。
A. 叶轮边缘　　　B. 叶轮中心　　　C. 任何部位　　　D. 出水口对面

9. 制造散热器芯的材料多用（　　）。
A. 铝　　　　　　B. 铁　　　　　　C. 铅　　　　　　D. 锰

10. 冷却液添加剂可以（　　）。
A. 防腐、防垢
B. 减小冷却系统压力
C. 提高冷却介质沸点
D. 降低冷却介质的温度

11. 机油中铁的微粒含量过高，其原因可能为（　　）。
A. 气缸磨损严重
B. 轴承磨损严重
C. 曲轴箱通风不良
D. 以上都有可能

12. 机油消耗异常，但无外观症状，其故障部位可能在（　　）。
A. 气缸-活塞配合副
B. 空调压缩机
C. 机油渗漏
D. 机油泵损坏

13. 新装的发动机，若曲轴主轴承间隙偏小，将会导致机油压力（　　）。
A. 过高　　　　　B. 过低　　　　　C. 略偏高　　　　D. 略偏低

14. 曲轴箱通风的目的主要是（　　）。
A. 排出水和汽油
B. 排出漏入曲轴箱内的可燃混合气与废气
C. 冷却润滑油
D. 向曲轴箱供给氧气

15. 润滑系统中旁通阀的作用是（　　）。
A. 保证主油道中最小的机油压力
B. 防止主油道中过大的机油压力
C. 防止机油滤清器滤芯损坏
D. 在机油滤清器滤芯堵塞后仍能使机油进入主油道内

16. 师傅甲说：发动机长时间大负荷工作，会造成机油压力过低的情况。师傅乙说：新修的发动机在工作开始初期，可能会出现发动机机油压力过高的情况，那么（　　）。
A. 甲说得对
B. 乙说得对
C. 甲和乙说得对
D. 甲和乙说得都不对

17. 当冷却液温度传感器本身或线路出现故障时，发动机一般不会出现（　　）故障现象（　　）。
A. 不易启动
B. 怠速不稳
C. 尾气排放超标
D. 发动机不能启动

18. 机油压力过高，可能是由（　　）造成的。
A. 发动机各轴承处的间隙过大
B. 机油报警装置失效
C. 机油黏度过小
D. 机油泵磨损或工作不良

19. 下列说法正确的是（ ）。

A. 在安装机油滤清器之前，应在滤清器底座上的橡胶密封圈上抹润滑油

B. 检查油底壳时可用仪器测量其有无泄漏和变形

C. 一般每更换一次机油至少应更换两次机油滤清器

D. 检查机油量时，把车辆停在水平地面上，关闭发动机并等待几分钟，取出机油标尺，擦净油迹，插入机油尺导孔，再拔出查看

20. 当一部汽车出现因机油压力低而报警的时候，应该（ ）。

A. 快速开到附近的修理厂修理

B. 办完手头上的事情后再去修理

C. 过一段时间再去修理

D. 马上安全停车并给修理厂打电话，寻求帮助

项目七 排放控制系统故障的诊断与排除

📖 项目描述

汽油发动机排放控制系统出现故障,将使发动机启动困难,动力性、经济性下降,工作异常,怠速不稳和排放超标,甚至发动机无法运转。

发动机排放控制系统出现故障,主要存在"堵、漏、坏"三个方面的原因。

🎯 学习目标

1. 知识目标

（1）熟悉排放控制系统常见故障产生的原因。

（2）查阅相关书籍,熟悉排放控制系统的相关电路图及控制原理。

（3）能有对排放控制系统故障进行分析与总结的能力。

2. 技能目标

（1）针对所操作的汽车,能进行排放控制系统的实物与图纸的对应查找。

（2）掌握排放控制系统的零部件的检测方法。

（3）学会应用电路图对排放控制系统的故障进行分析与查找,能够正确排除排放控制系统的常见故障。

任务一 排放控制系统常见故障的诊断与排除（一）

任务目标

通过对发动机尾气排放成分的分析,了解发动机尾气有害成分产生的原因、控制方法,能利用各种仪器、方法及手段对发动机排放控制系统进行检测,确定故障所在部位,进行修理。

任务导入

车主反映迈腾1.8TSI汽车在行驶过程中,发动机突然加速无力,发动机故障灯报警。

必备知识

一、排放控制系统的相关知识

1. 汽油车排气污染物的标准及检测

（1）汽油车排气污染物的检验标准。国家标准 GB 18285—2005《在用汽车排气污染物限值及测试方法》，是我国在用汽车排气污染物限值及测量方法的最新国家标准。该标准中的加速模拟工况试验限值及试验方法，是参照美国国家环保局标准 EPA-A-RSPD-IM-96-2《急速模拟工况试验规程、排放标准、质量控制要求及设备技术要求技术导则》(1996年7月)制定的，使我国治理在用汽车排气污染走上了更为严格的道路。国家标准 GB18285—2000《在用汽车排气污染物限值及测试方法》中规定，装配点燃式发动机的车辆，在检测中要进行怠速试验、双怠速试验和加速模拟工况(ASM)试验。有规定，按国家标准 GB8352.2—2013《轻型汽车污染物排放限值及测量方法Ⅱ》认证（燃用质无铅汽油的车辆）、设计乘员数不超过6人且最大总质量不超过2 500 kg 的 M1 类，按该标准通过 B 类认证、设计乘员数超过6人或最大总质量超过2 500 kg 但不超过3 500 kg 的 M 类车辆和 N1 类车辆，进行双怠速试验或加速模拟工况(ASM)试验。除上述规定的其他 M、N 类装配点燃式发动机的车辆进行怠速试验。按国家标准 GB 18285—2005《在用汽车排气污染物限值及测试方法》规定，对于装配点燃式四冲程发动机，最大总质量大于或等于400 kg，最大设计车速大于或等于50 km/h 的在用汽车，装配点燃式发动机的车辆污染物排放不得超过规定值。

（2）汽车排放的有害气体主要是 CO、HC 和 NO_x，为了净化环境，电控发动机采取了多种有效措施来降低排放污染。目前，在各种轿车上设置的降低排放污染的装置主要有燃油蒸气回收装置、废气再循环(EGR)装置、二次空气喷射装置、三元催化器等。

排放控制系统出现故障，将导致尾气排放超标。此外，点火正时不准确、个别缸不工作会致 CO、HC 含量超标；冷却液温度传感器、进气压力传感器、空气流量计、氧传感器等信号失常，ECU 损坏及燃油供给系统故障，导致混合气过稀或过浓，也会使 CO、HC 含量超标。

2. 废气再循环(EGR)装置的组成

目前轿车发动机上应用较多的是由废气再循环阀（EGR 阀）、三通电磁阀、废气修正阀等组成的废气再循环装置，如图7-1所示。不同的废气再循环装置的工作原理基本相同，但又有所区别，有的 EGR 系统未设废气修正阀；有的 EGR 系统在废气再循环器上设置了用以测废气再循环阀的开启高度装置；还有的 EGR 系统将废气再循环阀位置传感器、电子调节器等控制元件组装在一个总成内，形成一个整体，即所谓的整体式电子废气再循环装置。

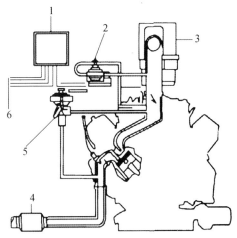

1—控制单元；2—废气再循环修正阀；
3—空气滤清器；4—三元催化器；
5—废气再循环阀；6—传感器信号

图 7-1 废气再循环系统示意图

废气再循环装置的作用是将体积分数为5%~15%的废气引入进气歧管,使气缸的最高燃烧温度降低,从而减少排气中NO_x的含量。但在发动机冷却液温度低于50 ℃、怠速或极小负荷运转时,废气再循环装置应停止工作;且当发动机大(全)负荷高速运转或加速时,也应关闭废气再循环阀,取消废气再循环。

二、排放控制系统故障诊断步骤

(1)用尾气分析仪检测发动机尾气排放,初步分析排放超标的主要原因,确定检测方向,如混合气过浓、混合气过稀、气缸缺火等。

(2)读取故障码,检查ECU是否存储有与排放超标相关的故障码。如有,按故障码提示进行检查。

(3)用专用诊断仪读取动态数据流,进一步分析故障原因。

(4)评定氧传感器好坏,结合观察氧传感器信号波形,与尾气排放分析结果对比,分析故障原因。

(5)对各执行器进行动作试验,并对其性能做进一步检查,如检查喷油器的喷油量、密封性等。

(6)检查发动机机械部分的可能原因,如积炭、气缸密封性等。

三、故障原因

汽车排放超标可能是CO、HC、NO_x中的一种有害气体超标,也可能是两种或两种以上的有害气体均超标。

1. HC化合物的排放量过大

HC的排放量比正常值高,可能是由下列条件中的一个或多个引起的。

(1)点火系统缺火或点火能量不足,造成混合气燃烧不充分。

(2)点火正时不准确。

(3)电控系统的传感器故障、控制单元PCM故障、供给系统故障,导致混合气过浓或过稀。

(4)气缸压力过低,导致燃烧不良。

(5)个别缸不工作。

(6)三元催化转换器有故障,必要时应修理或更换。

(7)二次空气喷射控制系统存在故障。

(8)燃油蒸发控制系统不能正常工作,造成混合气过浓。

(9)EGR系统非正常导入废气,导致混合气不完全燃烧。

2. CO的排放量过大

(1)冷启动喷油器一直工作或喷油器漏油。

(2)燃油压力调节器故障,导致油压过高。

(3)空气滤清器堵塞,造成混合气过浓。

(4)冷却液温度传感器、进气压力传感器、空气流量计等信号失常,氧传感器失效,ECU损坏致使喷油过多。

(5) 三元催化转换器存在故障。

(6) 二次空气喷射控制系统存在故障(如总是逆流泵入空气)。

(7) 燃油蒸发控制系统不能正常工作,造成混合气过浓。

(8) 曲轴箱通风阀(PCV)系统有故障,窜缸混合气过多。

(9) EGR 系统非正常导入废气,导致混合气不完全燃烧。

3. NO_x 的排放量过大

(1) EGR 系统不能正常工作,视情况进行修理或更换 EGR 阀。

(2) 点火正时失准,导致燃烧温度过高。

(3) 传感器故障、ECU 故障或供给系统故障,导致混合气过稀,燃烧缓慢,致使发动机过热。

(4) 气缸压过高、燃烧室积炭过多等,导致不正常燃烧。

(5) 发动机冷却系等故障,导致过热。

(6) 空气进气系统、中冷增压系统故障,造成进气温度过高。

(7) 增压发动机进气增压过大(如废气旁通阀卡在关闭位置等)。

4. O_2 的读数比正常值低,而 CO 的读数比正常值高

这种情况一般是由于混合气过浓、燃烧不完全所致,应检查导致混合气过浓的原因。

5. O_2 的读数比正常值高,而 CO 的读数比正常值低

这种情况一般是由于混合气过稀引起的,应检查导致混合气过稀的原因。此外,还应检查二次空气喷射控制系统的工作情况及排气系统的密封性。

1. 工作准备

(1) 尾气分析仪一台。

(2) 技术状况良好的发动机总成一台,并按本模块故障设置要求设置故障。

(3) 汽车废气分析仪、点火正时灯、数字式多用表、发动机转速表各一件。

(4) 常用工具一套。

2. 汽车排气检测

(1) 仪器准备。NHA-506 型汽车排气分析仪,按仪器使用说明书的要求做好各项检查工作。

① 接通电源,对分析仪预热 5 分钟以上。

② 用校准气样校准,先让分析仪吸入清洁空气,用零点调整旋钮把仪表指针调到零点。然后把仪器附带的标准气样从标准气样注入口灌入,再用标准调整旋钮把仪表指针调到标准指示值,在灌注标准气样时,要关掉分析仪上的泵开关。CO 和 HC 两种气体的标准指示值要符合规定。对于 CO 分析仪,可把标准气样瓶上标明的 CO 浓度值作为校准的标准值。对于 HC 分析仪,由于是用丙烷作为标准气样,因而按下式求出乙烷的换算值,再用正乙烷的换算值作为校准的标准值:

$$校准的标准值(即正乙烷换算值)=标准气样(丙烷)含量×换算系数$$

式中,标准气样(丙烷)含量即标准气样瓶上标明的含量值;换算系数为分析仪的给出值,一般为 0.472 0~0.578 3。

③ 简易校准。先接通简易校准开关,对于有校准位置刻线的仪器,可用标准调整旋钮把仪表指针调到正对标准刻线位置。对于没有标准刻度线的仪器,要在标准气样校准后立即进行简易校准,使仪表指针与标准气样校准后的指示值重合。

④ 把取样探头和取样导管安装到分析仪上,检查取样探头和导管内是否有残留 HC,如果管内壁吸附残留 HC 很多,仪表指针大大超过零点以上时,要用压缩空气或布条等清洁取样探头和导管。仪器经过上述检查和校准后,即可投入使用。

(2) 车辆准备。

① 发动机系统应装有空气滤清器及排气消声器,并不得有泄漏。

② 应保证取样探头插入排气管的深度不小于 300 m,否则排气管应加接管,但应保证接口处不漏气。

③ 发动机冷却液温度和润滑油温度应达到规定的值。

(3) 检测方法。

① 发动机由怠速加速到中等速度或 0.7 额定转速,维持 60 s 后,再降至怠速状态。

② 把指示仪表的读数转换开关打到最高量程挡位。

③ 将取样探头插入汽车排气管中,深度等于 300 mm,并固定于排气管上。

④ 一边观看指示仪表,一边用读数转换开关选择适于排气含量的量程挡位。

⑤ 发动机在怠速状态下,维持 15 s 后开始读数,读取 30 s 内的最高值和最低值,其平均值即为测量结果。

⑥ 检测工作结束后,把取样探头从排气管里抽出来,让它吸入新鲜空气工作 5 分钟,待仪器指针回到零点后再关掉电源。

检测废气排放中的 CO、HC 等气体的浓度,除采用以上所述的怠速法外,还有一种工况法。该工况法要求汽车在底盘测功机上运行,并按照汽车在一定道路上的实际运行情况编制的实验工况进行。测定汽车排放气体中的一氧化碳、碳氢化合物、氮氧化物及各种污染物在样气中的含量时所得的数据,应是测量装置读数稳定后的数据。汽车排放气体中的碳氢化合物的浓度采用氢火焰离子检测器来测量,其工作原理是:利用碳氢混合物在氢火焰的作用下产生化学电离,形成离子流,借测定离子流强度来确定。

3. 废气再循环(EGR)装置检测

废气再循环装置的控制电路或零部件出现故障将导致 EGR 系统工作失常。如 EGR 阀积炭、结胶、阀门卡滞或真空管错装等将导致废气再循环装置非适时工作,即在不该参加工作的工况下引入了废气。而控制电路断路,接触不良,电磁阀损坏,真空管破裂漏气等将导致废气再循环装置失效,即在该起作用的工况下反而不参加工作。EGR 系统的主要故障部位在 EGR 阀、废气修正阀、真空管路、三通电磁阀及其控制线路。

(1) 真空管路的检查。

检查 EGR 系统的各个真空管是否脱落、破裂,真空管是否装错,尤其要注意 EGR 阀的真空接口与废气接口不能装反。

(2) EGR 阀的检查。

① 对于真空控制式 EGR 阀，可利用手动真空泵进行检查。接上手动真空泵，随着真空度的不断增大，EGR 阀的开度应逐渐增大。拆下 EGR 阀，在没有接真空时，应密封良好。

EGR 阀也可就车检测：启动发动机并怠速运转，拔下 EGR 阀与废气修正阀之间的真空管，用手动真空泵对 EGR 阀抽真空，若此时发动机怠速运转不稳甚至熄火，说明 EGR 阀性能良好。若发动机怠速无任何变化，说明 EGR 阀损坏，应更换。

② 对于电磁阀直接控制式 EGR 阀，可用多用表进行检测。用多用表的电阻挡检查各个电磁阀的电阻，应符合规定要求。接入蓄电池电压，电磁阀应开启良好，通断电时应有"喀哒"声。拆下 EGR 阀，在不通电时，电磁阀应密封良好。可利用压缩空气检查其密封性。

③ 对于有阀门高度传感器、温度传感器或热敏电阻的 EGR 阀（如本田、日产车型），还应检测传感器或热敏电阻的电阻值，不同温度时的电阻值应在规定范围内。

④ 若 EGR 阀不正常，应进行清洗或更换。

(3) 废气修正阀的检查。

启动发动机并使之达到正常工作温度，拔下废气修正阀与 EGR 阀之间的真空歧管，用手按住真空歧管接口，发动机怠速运转时应感到无吸力；踩下加速踏板，使发动机转速上升到 2 000 r/min 以上，此时应感到接口内有吸力，否则说明废气修正阀失效，应更换。

(4) EGR 三通电磁阀的检测。

拔下三通电磁阀上的真空管及线束连接器，给电磁阀接口输入压缩空气，如图 2-5 所示。电磁阀不通电时，接口 A—B、A—C 之间应不通，B—C 应导通；当电磁阀通电时，A—C、B—C 不通，A—B 应导通，且在电磁阀通断电瞬间应有"喀哒"声，也可用多用表检测电磁阀阻值，判断电磁阀线圈是否损坏。

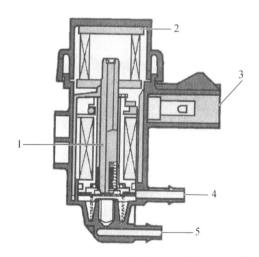

1—铁芯；2—C 接口；3—连接插头；4—B 接口；5—A 接口

图 7-2　EGR 三通电磁阀的检测

4. 燃油蒸气控制装置的检测

燃油蒸气控制装置由活性碳罐、碳罐电磁阀、蒸气分离阀等组成，如图 7-3 所示，其作用是将油箱内的燃油蒸气回收到进气歧管，防止燃油蒸气排入大气造成污染。

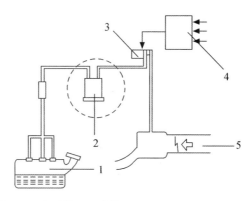

1—油箱；2—活性碳罐；3—碳罐电磁阀；4—传感器信号；5—进气口

图7-3　燃油蒸气控制装置结构

燃油蒸气控制装置失效将导致燃油蒸气无法回收，而其控制失常又将导致燃油蒸气的回收不正常，如在怠速时蒸气控制装置工作，使混合气过浓，导致发动机怠速不稳。燃油蒸气控制装置出现故障，应主要检查活性碳罐、碳罐电磁阀及其控制电路，其检测过程如下：

① 检查真空管是否脱落或损坏。

② 检查碳罐电磁阀，测量电磁阀阻值；或为电磁阀外接蓄电池电压，在通断电瞬间应能听到电磁阀的吸合声。此外，还应检查电磁阀的密封性能，从一个接口输入压缩空气，电磁阀断电时应不通，电磁阀通电时应导通。

③ 检查活性碳罐，启动发动机使其达到正常工作温度，然后怠速运转；拔下碳罐上的真空管，用手按住接口，此时应无吸力感，若有吸力，说明回收装置工作不正常，应检查电磁阀、控制线路或ECU。踩下加速踏板，当发动机转速高于2 000 r/min时，应有吸力感；否则，说明电磁阀损坏、控制线路断路或ECU损坏。

任务二　排放控制系统常见故障的诊断与排除（二）

任务目标

针对汽车排放控制系统的常见故障，分析故障原因，然后利用各种方法、仪器及手段，检查到故障点，进行修理。

必备知识

一、怠速不稳

1. 故障现象

汽车在发动机怠速运转过程中，出现发动机发抖的情况。

2. 故障原因

造成这类现象的原因很多，就排放控制系统而言，主要有以下原因：

(1) EGR 系统出现了故障。

(2) PCV 系统出现了故障。

(3) 发动机相关软管连接不良。

(4) 怠速控制系统有故障。

二、发动机暖机时频繁失速

1. 故障现象

汽车行驶过程中没有太大的问题,在汽车启动暖机过程中,转速有频繁的变化现象,有时候会造成熄火。

2. 故障原因

(1) EGR 系统出现了故障。

(2) 燃油压力调节器出现了故障。

(3) 喷油器出现了故障。

(4) 怠速控制阀出现了故障。

三、发动机运转不平稳或失火

1. 故障现象

发动机在运转过程中有不稳定的情况,有时候出现失火现象,或在汽车运行过程中,转速有突然归零又恢复的现象。

2. 故障原因

(1) EGR 系统出现了故障。

(2) PCV 系统出现了故障。

(3) 喷油器有故障。

(4) 燃油压力调节器有故障。

(5) 个别气缸中的火花塞出现了问题。

四、废气排放超标

1. 故障现象

经尾气检查,发现汽车排放量已经超过了国家规定的标准,不能通过年检。

2. 故障原因

(1) 催化转换器性能不良或出现了故障。

(2) 燃油蒸发控制系统出现了故障。

(3) EGR 系统出现了故障。

(4) 歧管绝对压力传感器出现了故障。

(5) 热氧传感器出现了故障。

五、汽车动力不足

1. 故障现象

汽车在运行过程中,加速不是非常有力,在爬坡的时候明显感觉到动力不足。

2. 故障原因

(1) 三元催化转换器出现了故障。

(2) EGR 系统出现了故障。

(3) 节气门体有故障。

(4) 燃油供给系统有故障。

(5) 可变配气机构有故障。

(6) 歧管绝对压力传感器有故障。

六、发动机油耗过高

1. 故障现象

汽车运行工况变化不大,但是油耗出现了偏高的现象。

2. 故障原因

(1) 氧传感器出现了故障。

(2) 空气流量传感器出现了故障。

(3) 燃油压力过高。

(4) 气缸压缩压力下降。

(5) 汽车底盘性能不良。

一、汽车油耗偏高

1. 故障现象

一辆装备 L45S-EF 发动机的丰田凯美瑞轿车,发动机怠速不稳,经常熄火。同时,车主反映汽车最近油耗偏高。

2. 故障分析、诊断与排除

该车采用 TCCS 发动机电子控制系统。首先调取故障代码,仪表板上的发动机故障指示灯显示为正常代码。用四气尾气分析仪进行检测,仪器显示的检测结果见表 7-1,由检测结果可以看出 HC 和 O_2 的含量都较高,这是空燃比失衡的一个重要特征,CO 含量较低,而 CO_2 含量在峰值,这说明可燃混合气已充分燃烧,点火系统应该不会有什么问题,λ(空燃比)值较高。

表 7-1 维修前尾气分析仪检测结果

HC/($\times 10^{-6}$%)	CO/%	CO_2/%	O_2/%	n/(r/min)	T/℃	λ
256	0.46	14.6	2.56	870	82	1.12

对车辆进行检测,发现真空管无漏气、错插现象,PCV 阀密封良好,机油尺插口良好。启动发动机,将化油器清洗剂喷在进气管垫和 EGR 阀周围,发现随着转速上升,怠速逐渐稳定,取下 EGR 阀,发现针阀周围有少量积炭,针阀不能落入阀座,致使进气歧管的混合气被废气稀释,从而怠速不稳,发动机容易熄火。

对 EGR 阀进行彻底清洗,并换上新垫,启动发动机,一切恢复正常。再次用尾气分析仪进行检测,结果见表 7-2,所有数据都在标准范围之内,故障排除。

项目七 排放控制系统故障的诊断与排除

表 7-2 维修后尾气分析仪检测结果

HC/($\times 10^{-6}$%)	CO/%	CO_2/%	O_2/%	n/(r/min)	T/℃	λ
50	0.23	14.8	1.43	880	83	1.01

3. 故障总结

从这个故障诊断实例可以看出,在对有故障的车辆做完必要的常规检查之后,使用尾气分析仪可以很快发现故障的本质原因,缩小检修范围。

二、汽车发动机急加速时熄火

1. 故障现象

一辆 1.8L 本田锋范(CITY)轿车,急加速时发动机熄火,怠速时轻微抖动,但发动机故障指示灯没有点亮。

2. 故障分析、诊断与排除

根据故障现象初步判断,燃油、进气、点火、气缸压力及电子控制系统任一方面出现问题都可能造成此现象的发生。由于汽油发动机是根据进气量来确定基本喷油量的,所以决定先检查进气部分。可以通过解码器(HDS)在数据表中显示的数据,如进气压力传感器(MAP)和空气流量计(MAF)是否正常,进行分析判断,如果不正常,那么有漏气或进气不足的地方。对于漏气的地方一定要检查进气歧管上每一个真空管路,如果进气系统没有问题,那么再检查燃油和点火等其他系统。故障可能原因如下:燃油供给系统油压过低,如燃油泵故障、限压阀故障和燃油滤清器堵塞;进排气系统有故障,如节气门后方真空泄漏、节气门前方空气滤清器堵塞、废气再循环电磁阀(EGR)关闭不到位、三元催化转化器(TWC)严重堵塞等;进气压力传感器(MAP)信号失准;节气门位置传感器(TP)信号失准;点火线圈或火花塞有故障;气缸压力不足;电控单元(ECM/PCM)有故障等。

连接 HDS 读取数据流,发现发动机转速在 700 r/min 上下来回波动,怠速基本正常。查看 MAP 数据发现异常,显示为 50 kPa 上下来回波动,见表 7-3。汽车正常怠速时约为 28 kPa。通过此数据可以断定,发动机有额外的进气。接着又对涉及额外进气的数据进行查看,发现 EGR 指令与 EGR 升程不一致,而且相差很大,显示的 EGR 升程控制指令为 0,EGR 升程为 43,见表 7-4。通过此数据可以断定,ECM/PCM 控制没有问题,问题应该出在 EGR 阀上,拆下 EGR 检查,发现其阀芯关闭不到位。

表 7-3 MAP 异常数据值

信 号	数值
ECT 传感器 1	88.0℃
ECT 传感器 2	86.0℃
IAT 传感器	30.0℃
MAP 传感器	50 kPa
BARO(大气压力)传感器	95 kPa

表 7-4 异常的 EGR 升程数据及其他部分数据流

信　号	数值
交流发电及控制	14.5 V
空调压力传感器	0.59 MPa
A/C 温度传感器	26.0℃
EGR(废气再循环)升程	43
EGR 阀位置传感器(EGR VLS)	2.08 V

更换 EGR 阀及垫片后,故障排除。

发动机排放控制系统故障诊断

班级		姓名		小组成员		日期	

1. 问诊

记录故障现象,填写接车问诊单。

故障现象:

2. 检测

(1) 读取故障码。

故障码 1	
故障码 2	

(2) 分析。根据冷却系统故障内容和故障现象,分析应该对哪些系统或零部件进行检查和检测。

部件名称	
使用仪器	

(3) 检查和检测。

① 排放控制系统的基本检查。

检查项目	检查部位	检查方法	检查结果
废气再循环电磁阀(EGR)			
燃油蒸气控制阀(EVAP)			
曲轴箱通风阀(PCV)			
三元催化转化器(TWC)			
空燃比(A/F)			

续 表

② EGR 阀和 EGR 电磁阀检测。

EGR 阀(开启情况)		EGR 电磁阀		
真空下	非真空下	电阻	电源电压	通电时/断电时

③ EVAP 电磁阀检测。

检测项目	电源电压	搭铁	真空
暖车期间			
热车后			

④ 氧传感器检测。

检测项目	加热器电阻	加热器电压	反馈电压	反馈频率
前氧传感器				
后氧传感器				

3. 诊断

根据检查和检测结果判断故障原因并进行验证。

4. 排除故障

写出排除故障的具体方法。

教师评语 评分	

1.（　　）会造成汽车发动机在怠速工况下发抖。

A. 点火时间过快　　　　　　　　B. 空气滤清器堵塞

C. EGR 系统出现了故障　　　　　D. 喷油器喷油过多

2.（　　）会造成汽车的发动机暖机时频繁失速。

A. 怠速控制阀有故障

B. 机体上的水堵封水不严

C. 水套侧盖衬垫损坏、螺钉松动或螺钉未按规定顺序紧固

D. 在天气炎热或高原地区启动汽车

3. 技术师傅甲说：冷车启动就可以使用解码器马上检查氧传感器性能的好坏。技术师傅乙说：发动机启动后，要等到发动机温度超过60℃时，才能使用解码器检查氧传感器性能的好坏。那么（　　）。

A. 甲说得对　　　　　　　　　　B. 乙说得对

C. 甲和乙说得都对 D. 甲和乙说得都不对

4. 对二氧化钛式氧传感器进行外观检查时,要注意的是( )。

A. 当氧传感器顶尖变成棕色时要进行维护
B. 当氧传感器顶尖变成灰色时要进行维护
C. 当氧传感器顶尖变成黑色时要进行维护
D. 当氧传感器顶尖变成白色时要进行维护

5. ( )可造成汽车在冷态下不能启动。

A. 风扇电机故障 B. 水泵故障
C. 节温器故障 D. 冷却温度传感器故障

6. 师傅甲说:发动机长时间大负荷工作时,容易造成烧机油的情况。师傅乙说:新修的发动机在工作的初期,可能会造成发动机烧机油的情况。那么( )。

A. 乙说得对 B. 甲说得对
C. 甲和乙说得都对 D. 甲和乙说得都不对

7. 当氧传感器本身或传感器线路出现故障时,汽车一般不会出现( )的故障现象。

A. 故障灯点亮 B. 怠速不稳
C. 尾气排放超标 D. 不易启动

8. 使用专用的红外线温度检测仪进行检测时,如果三元催化转化器前后口处的温差不明显,最可能是由( )原因造成的。

A. 三元催化转化器损坏 B. 三元催化转化器堵塞
C. 三元催化转化器性能劣化 D. 排气管堵塞

9. 对废气再循环控制系统的就车检查中,不存在( )步骤。

A. 启动发动机,使发动机怠速运转
B. 将手指按在废气再循环阀上,检查废气再循环阀有无动作
C. 使汽车车速达到 50 km/h,检查汽车的尾气状态
D. 在发动机热车(水温高于 50 ℃)后再踩下加速踏板,使发动机转速上升至 2 000 r/min 左右

10. 当一部汽车出现故障指示灯点亮报警的时候,首先想到的是( )。

A. 快速开到附近的修理厂修理
B. 办完手头上的事情后再去修理
C. 找安全的地方停车,自己做一下简易的检查,再做决定
D. 马上安全停车,并给修理厂打电话,寻求帮助

项目八 传动系统故障的诊断与排除

项目描述

汽车传动系统的布置形式主要与发动机的位置和驱动形式有关。除发动机前置、后轮驱动和发动机后置、后轮驱动形式外,目前轿车上采用最多的是发动机前置、前轮驱动的形式。

传动系统包括离合器、变速器、万向传动装置、主减速器及差速器等部件。在汽车运行过程中,传动系统功能会逐渐下降,出现异响、过热、漏油及乱挡等故障。为确保汽车能正常运行和安全行驶,对传动系统应及时进行检测、诊断和维修。

学习目标

1. 知识目标

(1) 熟悉传动系统常见故障的现象。
(2) 掌握传动系统常见故障的形成原因。
(3) 掌握传动系统故障诊断的基本程序。
(4) 掌握传动系统故障诊断时的注意事项。

2. 技能目标

(1) 针对所操作的汽车,能进行传动系统的实物与图纸的对应查找。
(2) 针对汽车的故障现象,可初步判断传动系统故障的原因或方向。
(3) 掌握汽车传动系统的零部件的检测方法。
(4) 对传动系统的故障进行正确的诊断与排除。

任务一 离合器故障的诊断与排除

任务目标

能够对离合器的常见故障进行正确的诊断与排除。

必备知识

汽车离合器位于发动机和变速箱之间的飞轮壳内,用螺钉将离合器总成固定在飞轮的后平面上,离合器的输出轴就是变速器的输入轴。在汽车行驶过程中,驾驶员可根据需要踩下或松开离合器踏板,使发动机与变速箱暂时分离和逐渐接合,以切断或传递发动机向变速器输入的动力。其功用主要包括:保证汽车平稳起步,保证变速器换挡时工作平顺,防止传动系统过载。

目前,汽车离合器大多数采用膜片弹簧式离合器。膜片弹簧式离合器的组成如图 8-1 所示,它主要由主动部分(飞轮、压盘、离合器盖)、从动部分(从动盘、从动轴、摩擦片)、压紧机构(膜片弹簧)、分离机构(分离轴承与套筒、分离叉等)、操纵机构(离合器踏板等)组成。

离合器的常见故障主要有离合器打滑、离合器分离不彻底、离合器发抖和离合器异响等。

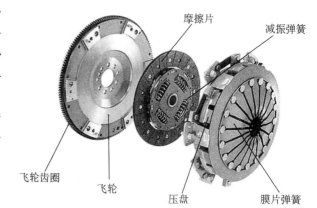

图 8-1 膜片弹簧离合器零件分解图

一、离合器打滑

1. 故障现象

汽车起步时,完全放松离合器踏板后,汽车不能起步或起步困难;汽车加速时,车速不能随发动机转速的提高而加快,行驶无力、动力下降、油耗增加;汽车重载、上坡时打滑明显,严重时可以嗅到离合器摩擦片的焦煳味。

2. 故障原因

(1)摩擦片有油污,压盘磨损后太薄。

(2)摩擦片磨损严重。

(3)离合器踏板没有自由行程。

(4)膜片弹簧过软,弹力不够。

3. 故障诊断与排除

离合器打滑故障诊断流程如图 8-2 所示。

二、离合器分离不彻底

1. 故障现象

当汽车起步时,将离合器踏板踩到底仍感到挂挡困难,虽强行挂入,但不抬踏板,汽车就向前运动或造成发动机熄灭或挂挡时发出响声等。

2. 故障原因

(1)离合器踏板的自由行程过大,造成工作行程过小,离合器不能完全分离。

(2)铆钉松动,更换的摩擦片过厚或从动盘方向装反。

(3)膜片弹簧过软或折断,钢片的偏移度过大。

(4)液压操纵机构漏油、有空气或油量不足。

3. 故障诊断与排除

离合器分离不彻底故障诊断流程如图 8-3 所示。

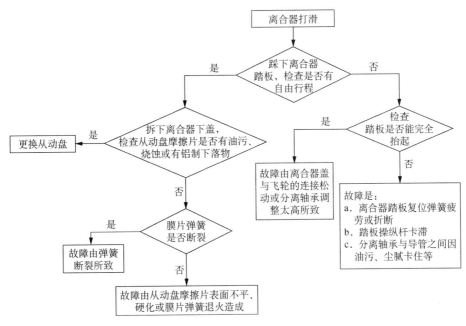

图 8-2 离合器打滑故障诊断流程

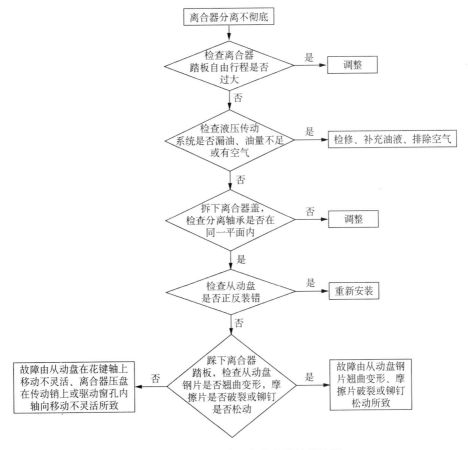

图 8-3 离合器分离不彻底故障诊断流程

三、离合器发抖

1. 故障现象

汽车起步时,离合器经常不能平稳接合,使车身发生抖动。

2. 故障原因

（1）减震弹簧失效。

（2）从动盘、压盘翘曲变形,飞轮工作端面跳动严重。

（3）从动盘摩擦片厚度不均匀,表面硬化,铆钉头露出,铆钉松动,钢片损坏等。

（4）离合器盖与飞轮的固定螺栓松动。

（5）分离轴承座的轴向移动不灵活、卡滞。

3. 故障诊断与排除

离合器发抖故障诊断流程如图 8-4 所示。

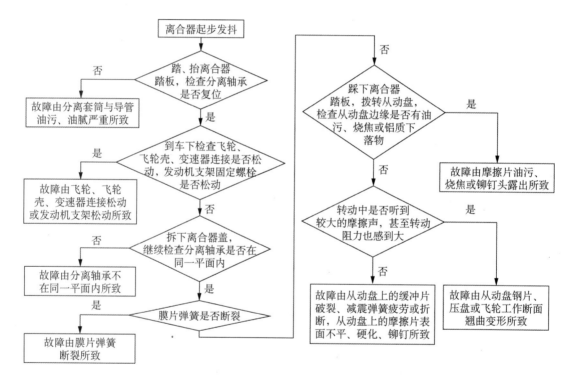

图 8-4 离合器发抖故障诊断流程

四、离合器异响

1. 故障现象

发动机运转时,踩下离合器踏板有不正常响声,放松踏板时异响消失,或无论踩下或放松离合器踏板均有不正常的响声。

2. 故障原因

（1）分离轴承磨损严重或润滑不良。

(2) 分离拨叉或传动部位卡滞。

(3) 从动盘钢片铆钉松动,钢片断裂或减震弹簧折断、松旷。

(4) 分离轴承回位弹簧过软、折断或脱落。

(5) 从动盘毂花键与花键轴配合松旷。

3. 故障诊断与排除

启动发动机,怠速运转,若不踩离合器踏板时离合器发出响声,则是离合器总成或从动盘故障发出的响声,应拆卸、分解离合器总成进行检查,更换已损坏的部件。若稍踩下踏板时发出"沙沙"响声,则是离合器分离轴承故障发出的响声,应更换分离轴承。

任务二 手动变速器故障的诊断与排除

任务目标

能够对手动变速器的常见故障进行正确的诊断与排除。

必备知识

手动变速器又称机械式变速器,必须用手拨动变速杆才能改变变速器内的齿轮啮合位置,改变传动比,以达到变速的目的。轿车手动变速器大多分为四挡或五挡,有级式齿轮传动变速器,通常带同步器,换挡方便,噪声小。

手动变速器包括变速传动机构和操纵机构两大部分:变速传动机构的主要作用是改变输入转矩的大小和方向;操纵机构的作用是实现换挡。

手动变速器的常见故障主要有跳挡、乱挡、换挡困难、异响及漏油等,这些故障的存在,不但使驾驶员操作困难,难以正常行驶,还可能直接造成机件的损坏,所以发现故障后应及时排除。

一、变速器跳挡

1. 故障现象

在车辆起步、加速、减速或上下坡时,变速杆自动跳回空挡位置。

2. 故障原因

(1) 操纵机构。自锁机构失效;操纵机构调整不当;拨叉弯曲、过度磨损,使齿轮不能正常啮合;同步器接合套与拨叉轴轴向间隙太大等。

(2) 齿轮变速机构。齿轮齿面磨成锥形、轴与轴之间不平行、不同轴、齿轮啮合不到位、轴承间隙过大;主轴的花键齿和滑动齿轮的花键槽磨损严重,在运转时上下摆动而引起跳挡等。

3. 故障诊断与排除

变速器跳挡故障诊断流程如图 8-5 所示。

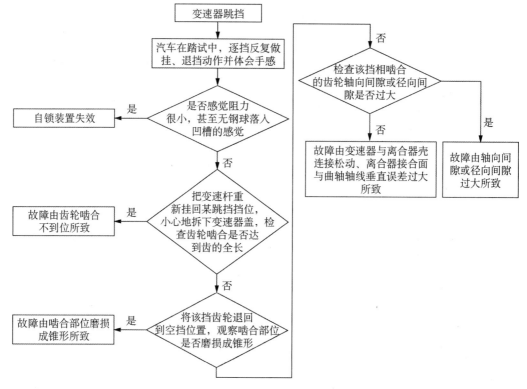

图 8-5　变速器跳挡故障诊断流程

二、变速器乱挡

1. 故障现象

汽车在起步挂挡或行驶中换挡时，可能同时挂上两个挡或挂不上所需的挡位；或虽能挂入所需挡位，但不能退回空挡。

2. 故障原因

（1）互锁装置使用时间过长，拨叉轴、自锁钢球、互锁柱销等磨损严重，失去互锁作用。

（2）变速杆定位销磨损松旷或折断，失去控制作用。

（3）变速器拨叉轴弯曲、互锁销凹槽磨损，不能起定位作用。

（4）变速杆下端工作面磨损严重，使其不能正确拨动换挡导块，导致乱挡。

3. 故障诊断与排除

变速器乱挡故障诊断流程如图 8-6 所示。

三、变速器换挡困难

1. 故障现象

变速杆不能正常挂上挡位或者勉强挂入挡位后又很难退挡，齿轮发响。

2. 故障原因

（1）操纵机构。换挡拨叉变形、拨叉轴弯曲、自锁钢球直径过小、弹簧弹力过大、凹槽磨深、互锁机构故障、同步器损坏、调整不当等。

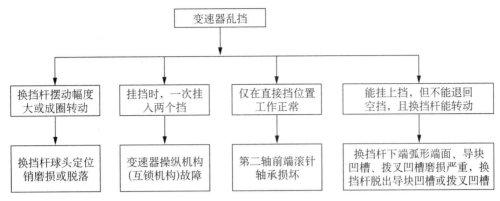

图 8-6 变速器乱挡故障诊断流程

(2) 齿轮变速机构。齿轮端的摩擦锥面磨损严重,端头有严重"毛刺",严重锈蚀,造成变速拨叉轴移动困难;齿轮轴向间隙过大;变速器装配不良,各齿轮及轴的配合不符合技术标准等。

(3) 其他。离合器不分离。

3. 故障诊断与排除

变速器换挡困难故障诊断流程如图 8-7 所示。

四、变速器异响

1. 故障现象

变速器异响是指变速器工作时发出不正常响声。

2. 故障原因

(1) 齿轮异响。轮齿磨损过度,齿侧间隙变大,导致齿面撞击声响;齿轮齿面损伤或齿轮断裂、个别齿折断,造成较为强烈的金属敲击声响;新更换的齿轮副不匹配或单独更换了一个齿轮,破坏了原来的配合;齿轮花键槽与轴上的花键配合松旷,或齿轮的轴向间隙过大。

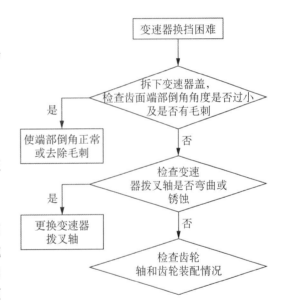

图 8-7 变速器换挡困难故障诊断流程

(2) 轴承响。轴承磨损严重;轴承与轴颈配合松动;轴承滚珠碎裂或有烧蚀麻点。

(3) 其他原因发响。齿轮油不足或变质,将导致各运动副润滑不良,出现金属干摩擦声响;变速器壳体磨损、变形及总成定位不良,破坏了各齿轮副、轴承及花键齿的配合精度;变速器内掉入异物;变速操纵机构中,变速杆及变速叉变形、松动及过度磨损均会造成异响;同步器的严重磨损,锁环滑块槽的严重磨损及环齿折断,均会产生不正常响声。

3. 故障诊断与排除

变速器异响故障诊断流程如图 8-8 所示。

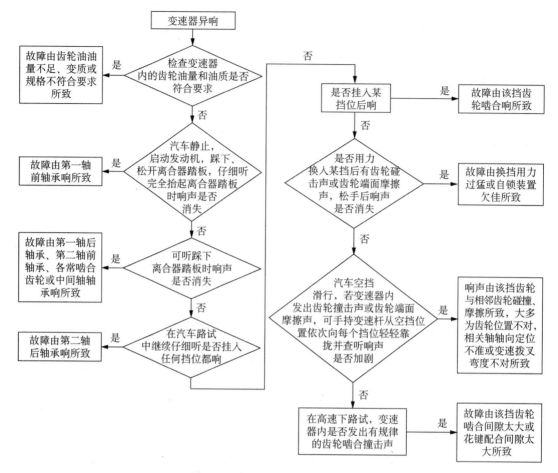

图 8-8 变速器异响故障诊断流程

五、变速器漏油

1. 故障现象

变速器盖周边、壳体侧盖周边、加油口螺塞、放油口螺塞、第一轴油封(或回油螺纹)或各轴承盖等处有明显漏油痕迹。

2. 故障原因

(1) 衬垫、油封老化或损坏。

(2) 变速器壳体有铸造缺陷或裂纹。

(3) 加油口、放油口螺塞松动或螺纹损坏。

(4) 变速器油量过多。

(5) 变速器壳体有裂纹。

3. 故障诊断与排除

在变速器的外部有油迹、油滴或车辆停放地面上有漏油。如果漏油部位在变速器与发动机飞轮壳之间,则用手摸法试验。如果油品黏度大,则为变速器漏油;如果油品黏度小,则为发动机漏油。

变速器漏油主要有密封不良引起的漏油和通气塞堵塞、油量过多等引起的气压性漏油。判断应从油量、通气塞开始。再检查各结合部位的密封情况及壳体有无裂纹、砂眼等损坏。

任务三　自动变速器故障的诊断与排除

任务目标

能够对自动变速器的常见故障进行正确的诊断与排除。

必备知识

自动变速器是指汽车驾驶过程中离合器的操纵和变速器的操纵都实现了自动化，它能根据发动机的负荷状态（节气门开度）和车速的变化，自动地改变传动比，驾驶者只需操纵加速踏板控制车速即可。

自动变速器是汽车传动系统的重要总成，它由液力变矩器、冷却滤油装置、行星变速器机构、液压控制系统和电子控制装置五部分组成。它根据外界负荷、车速等因素的变化自动、平稳地变换挡位，大大减轻了驾驶员的操作强度。

不同车系的自动变速器的结构差别较大，在工作中出现的故障类型、表现形式也不相同，造成故障的原因和部位也不相同。但只要熟悉自动变速器的工作原理，正确使用自动变速器的检测仪器，按照故障诊断的程序操作，就能做到快速而准确地排除故障。下面介绍自动变速器的常见故障及其诊断、排除方法。

一、汽车不能行驶

1. 故障现象

（1）无论操纵手柄位于倒挡、前进挡或前进低挡，汽车都不能行驶。

（2）冷车启动后汽车能行驶一段路程，但热车状态下启动车不能行驶。

2. 故障原因

（1）自动变速器油底壳渗漏，液压油全部漏光。

（2）操纵手柄和手动阀摇臂之间的连杆或拉索松脱，手动阀保持在空挡或停车挡位置。

（3）油泵进油滤网堵塞或油泵损坏。

（4）主油路严重泄漏。

3. 故障诊断与排除

汽车不能行驶故障诊断流程如图8-9所示。

二、自动变速器打滑

1. 故障现象

（1）起步时踩下油门踏板，发动机转速很快升高，但车速升高很慢。

（2）行驶中踩下油门踏板加速时，发动机转速升高但车速没有很快提高。

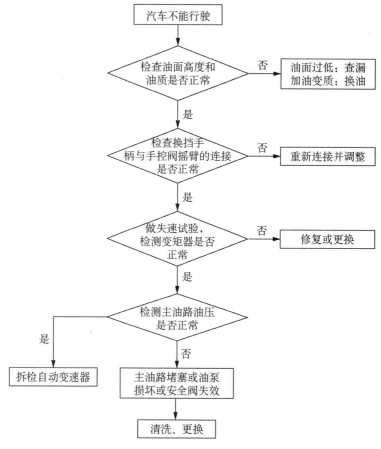

图 8-9 汽车不能行驶故障诊断流程

(3) 平路行驶基本正常,但上坡无力,且发动机转速很高。

2. **故障原因**

(1) 自动变速器的油面高度太低。

(2) 自动变速器的油面高度太高,运转中被行星齿轮机构搅动后产生大量气泡。

(3) 离合器或制动器摩擦片、制动带磨损过甚或烧焦。

(4) 油泵磨损过甚或主油路泄漏,造成主油路油压过低。

(5) 单向超越离合器打滑。

(6) 离合器或制动器活塞密封圈损坏,导致漏油。

(7) 减震器活塞密封圈损坏,导致漏油。

3. **故障诊断与排除**

自动变速器打滑故障诊断流程如图 8-10 所示。

三、自动变速器不能升挡

1. **故障现象**

(1) 汽车行驶中自动变速器始终保持在一挡,不能升入二挡或高速挡。

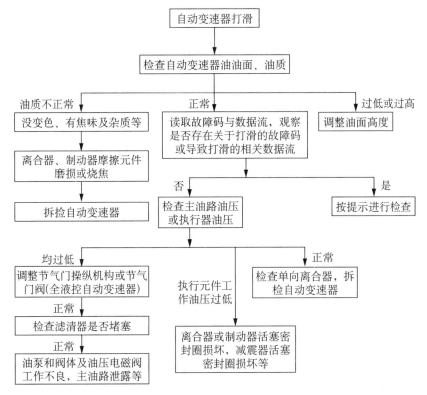

图 8-10 自动变速器打滑故障诊断流程

(2) 汽车行驶中自动变速器始终以某一固定挡行驶。

2. 故障原因

(1) 节气门位置传感器调整不当。

(2) 车速传感器或其电路有故障。

(3) 二挡制动器或高速挡制动器、离合器有故障。

(4) 换挡电磁阀卡滞或其电路有故障。

(5) 挡位开关或超速挡开关有故障。

3. 故障诊断与排除

故障诊断时,应试车观察汽车是只有一挡还是在某一挡位不能升挡,根据具体故障现象查找相关的故障原因,检修相关故障部位。

四、自动变速器换挡冲击大

1. 故障现象

(1) 汽车起步时,由停车挡(P位)或空挡(N位)挂入倒挡(R位)或前进挡(D位)时,汽车震动较严重。

(2) 汽车行驶中,自动变速器在换挡的瞬间,汽车有较明显的窜动。

2. 故障原因

(1) 发动机怠速过高。

(2) 节气门拉索或节气门位置传感器调整不当,或主油路调压电磁阀有故障,使主油路油压过高。

(3) 换挡执行元件(离合器或制动器)或单向离合器打滑。

(4) 真空式节气门阀的真空软管破裂或松脱。

(5) 蓄能减震器有故障。

(6) 自动变速器 ECU 及电控系统有故障。

3. 故障诊断与排除

自动变速器换挡冲击大故障诊断流程如图 8-11 所示。

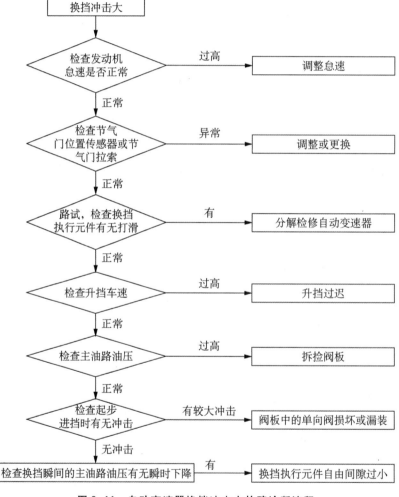

图 8-11　自动变速器换挡冲击大故障诊断流程

五、自动变速器升挡过迟

1. 故障现象

(1) 在汽车行驶中,升挡车速明显高于标准值,升挡前发动机转速过高。

(2) 必须采用松动加速踏板提前升挡的操纵方法,才能使自动变速器升入高挡或超速挡。

2. 故障原因

（1）节气门位置传感器调整不当或损坏。

（2）车速传感器或其电路有故障。

（3）换挡电磁阀或其电路有故障。

（4）自动变速器的 ECU 及其电路有故障。

3. 故障诊断与排除

（1）对于电子控制自动变速器，应先进行故障自诊断。如有故障代码，则按所显示的故障代码查找故障原因。

（2）检查节气门拉索或节气门位置传感器的调整情况。如果不符合标准，应重新予以调整。

（3）测量节气门位置传感器的电阻。如果不符合标准，应予以更换。

（4）对于采用真空式节气门阀的自动变速器，应拔下真空式节气门阀上的真空软管，检查在发动机运转中真空软管内有无吸力。如果没有吸力，说明真空软管破裂、松脱或堵塞，对此，应予以修复。

（5）检查强制降挡开关。如有短路，应予以修复或更换。

（6）测量怠速时的主油路油压，并与标准值进行比较。若油压太高，应通过节气门拉索或节气门位置传感器予以调整。采用真空式节气门阀的自动变速器，应采用减少节气门阀推杆长度的方法，予以调整。若调整无效，应拆检主油路调压阀或节气门阀。

（7）用举升器将汽车升起，让驱动轮悬空，然后启动发动机，挂上前进挡，让自动变速器运转，同时测量调速器油压。调速器油压应能随车速的升高而增大。将不同转速下测得的调速器油压与《自动变速器维修手册》上的标准值进行比较。若油压值低于标准值，说明调速器有故障或调速器油路有泄漏。对此，应拆卸自动变速器，检查调速器固定螺栓有无松动、调速器油路上的各处密封圈或密封环有无磨损漏油、调整器阀芯有无卡滞或磨损过甚、调速弹簧是否太硬。

（8）若调速器油压正常，则升挡过迟的故障原因为换挡阀工作不良。对此，应拆检或更换阀板。

六、自动变速器频繁跳挡

1. 故障现象

汽车行驶中，加速踏板保持不动，自动变速器会突然降挡，降挡后发动机转速异常升高，然后自动变速器又会突然升挡，发动机转速下降，同时产生换挡冲击。

2. 故障原因

（1）节气门位置传感器或其电路有故障。

（2）车速传感器或其电路有故障。

（3）换挡电磁阀电路有故障。

（4）控制系统电路有故障。

（5）自动变速器的 ECU 及其电路有故障。

3. 故障诊断与排除

自动变速器频繁跳挡故障诊断流程如图 8-12 所示。

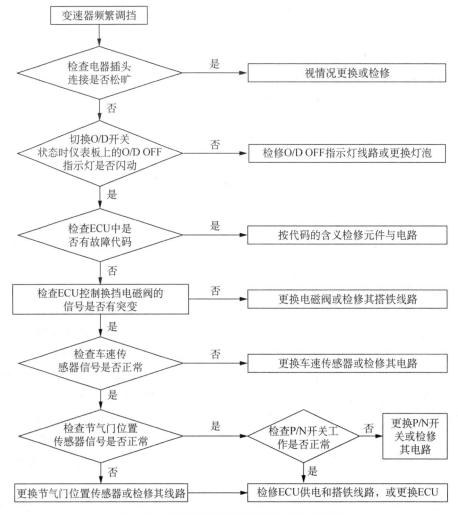

图 8-12 自动变速器频繁跳挡故障诊断流程

七、自动变速器挂挡后发动机怠速易熄火

1. 故障现象

发动机怠速运转时,将变速器换挡手柄由"P"位或"N"位挂入"R"位或"D"位时发动机易熄火。

2. 故障原因

(1) 发动机怠速过低。

(2) 阀板中的锁止控制阀卡滞。

(3) 挡位开关有故障。

(4) 输入轴转速传感器有故障。

3. 故障诊断与排除

自动变速器挂挡后发动机怠速易熄火故障诊断流程如图 8-13 所示。

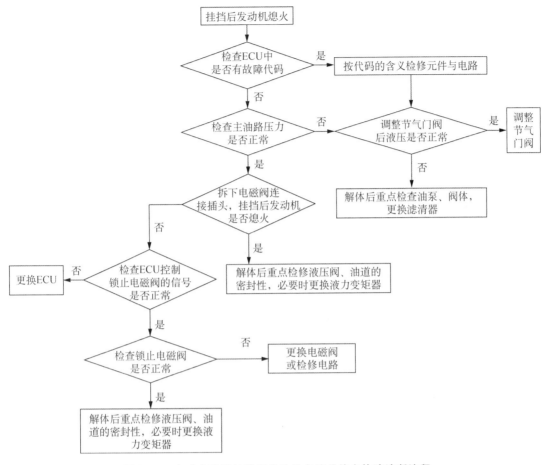

图 8-13 自动变速器挂挡后发动机怠速易熄火故障诊断流程

任务四 万向传动装置故障的诊断与排除

任务目标

能够对万向传动装置的常见故障进行正确的诊断与排除。

必备知识

万向传动装置的功用是将变速器传出的动力传给主减速器。由于变速器与车架一般是刚性连接，而驱动桥通过悬架与车架弹性连接，使得主减速器与变速器之间的距离及两者轴线之间的夹角都经常发生变化，因而万向传动装置的长度是可以伸缩的，且装有能够适应传动夹角变化的万向节。

由于采用的是开式结构，整个装置在汽车的底部，泥土和灰尘极易侵入，在这样的工作条件下，各部件容易出现磨损、传动轴弯曲等损坏现象，从而导致传动轴出现摆震、发响等故障,使传动效率降低。

一、传动轴震动

1. 故障现象

汽车在中速或高速行驶时,传动轴震动,并引起车身的震动和噪声。

2. 故障原因

(1) 传动轴弯曲或扭转变形。

(2) 传动轴不平衡。

(3) 十字轴万向节的轴承磨损或失效。

3. 故障诊断与排除

传动轴震动故障诊断流程如图 8-14 所示。

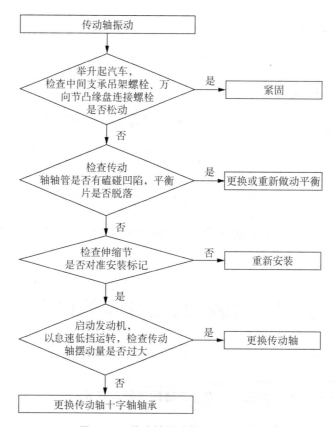

图 8-14 传动轴震动故障诊断流程

二、万向传动装置异响

1. 故障现象

万向传动装置在汽车行驶过程中发出不同的声响。

2. 故障原因

(1) 万向节叉凸缘盘连接螺栓松动。

（2）万向节套筒与万向节叉孔磨损松旷。
（3）传动轴伸缩节花键因磨损和冲击造成松旷。
（4）传动轴上的平衡片失落、套管凹陷弯曲。
（5）中间支撑固定位置不正确，支撑滚动轴承润滑不良，支撑橡胶圆环垫破损。

3. 故障诊断与排除

万向传动装置异响故障诊断流程如图 8-15 所示。

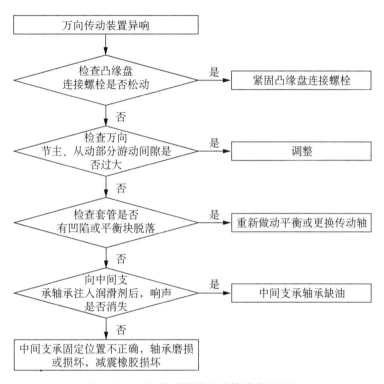

图 8-15 万向传动装置异响故障诊断流程

任务五 驱动桥故障的诊断与排除

任务目标

能够对驱动桥的常见故障进行正确的诊断与排除。

必备知识

驱动桥的主减速器、差速器、半轴等不仅承受很大的径向力、轴向力，还要承受巨大的扭力，而且经常受到剧烈的冲击载荷，因此零件会磨损，破坏了原先完好的技术状况，造成驱动桥异响、发热、漏油等现象，影响汽车的正常使用。

一、驱动桥异响

1. 故障现象

汽车在起步、转弯或突然改变车速行驶时,驱动桥有异响,响声会随车速的提高而增大,而当汽车直行、滑行或低速行驶时响声减弱或消失。

2. 故障原因

(1) 齿轮或轴承严重磨损或损坏。

(2) 主减速器主、从动锥齿轮啮合间隙调整不当。

(3) 差速器行星齿轮和半轴齿轮啮合间隙过大或过小。

(4) 主减速器主动齿轮紧固螺母或从动齿轮连接螺钉松动,或驱动桥壳体、主减速器壳体变形。

3. 故障诊断与排除

应先检查驱动桥内齿轮油的存量、品质、黏度,视情况更换,然后进行如下诊断:

(1) 汽车在起步、变速瞬间、车速不稳定时,驱动桥内发出"咯噔咯噔"的金属撞击声,停车,然后转动驱动桥主动轴凸缘。如果手感松旷(转动时凸缘圆周方向旷量超过了 3 mm),且有撞击声,是齿轮啮合间隙过大而造成异响。

(2) 汽车加速行驶时,驱动桥内发出一种连续的"嗷嗷"声,且随车速升高,响声加大。停车后触摸桥壳感到烫手,是齿轮啮合间隙过小所致。

(3) 汽车稳定行驶时,驱动桥内发出一种有节奏的"哽哽"声,其节奏随车速变化,是齿轮啮合不均匀或机件松动相互碰剐所致。

二、驱动桥过热

1. 故障现象

汽车行驶一段路程后,用手触摸驱动桥有烫手的感觉。

2. 故障原因

(1) 轴承装配过紧。

(2) 齿轮啮合间隙过小。

(3) 齿轮油过少或型号不对。

(4) 齿轮磨损严重。

3. 故障诊断与排除

驱动桥过热故障诊断流程如图 8-16 所示。

三、驱动桥漏油

1. 故障现象

驱动桥减速器衬垫或放油螺塞周围漏油。

2. 故障原因

(1) 桥壳内油面太高。

项目八 传动系统故障的诊断与排除

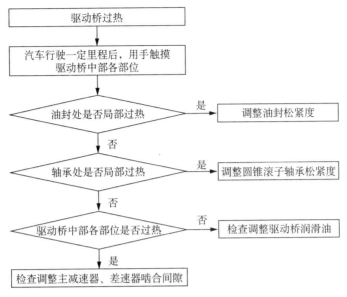

图 8-16 驱动桥过热故障诊断流程

(2) 主减速器油封损坏。

(3) 半轴油封安装不正或损坏。

(4) 放油螺塞松动或垫片受到损坏。

(5) 驱动桥壳有裂纹。

3. 故障诊断与排除

(1) 首先检查齿轮油的油面高度，若油面过高，应放掉多余的齿轮油，把油面高度调整至合适的位置。

(2) 检查通气塞是否被堵塞，若被堵塞，应予以检修。

(3) 检查放油螺塞是否松动，垫片是否损坏，若损坏，应更换垫片并拧紧放油螺塞。

(4) 检查油封是否磨损或损坏，若磨损或损坏，应更换油封。

(5) 检查齿轮油型号是否正确，若不正确，应放出所有的齿轮油，并加注规定型号的齿轮油。

(6) 检查桥壳有无裂纹，若有裂纹，应修理或更换桥壳。

换挡困难的故障诊断（传动系统故障）

班级		姓名		小组成员		日期	

1. 问诊
记录故障现象，填写接车问诊单。
故障现象：

续　表

2. 检测

(1) 读取故障码,记录故障码内容。

故障码1		
故障码2		

(2) 分析。根据故障码内容和故障现象,分析应该对哪些系统或零部件进行检查和检测。

部件名称		
使用仪器		

(3) 检查和检测。

传动系统的基本检查

检查项目	检查部位	检查方法	检查结果
泄露			
磨损			
松动			

传动轴的检查和检测

检查项目				
检测结果				

离合器的检查和检测

检查项目				
检测结果				

3. 诊断
根据检查和检测结果判断故障原因并进行验证。

4. 排除故障
写出排除故障的具体方法。

教师评语 评分	

学后测评

一、判断题

1. 离合器的自由间隙,是为了使离合器压板和从动盘完全分离。（   ）
2. 自动变速器的离合器的自由间隙是利用增减离合器片或钢片的片数进行调整的。（   ）
3. 自动变速器中的离合器是以机械方式进行运作控制的。（   ）
4. 离合器的功能之一是限制所传递的转矩。（   ）
5. 变速器自锁装置的作用是防止变速器同时挂进两个挡。（   ）
6. 在液力变矩器中,由于导轮的作用,使泵轮的转矩增大。（   ）
7. 给自动变速器做失速试验,通过失速试验可检验发动机的输出功率。（   ）
8. 安装自动变速器中的离合器新摩擦片前,必须在ATF中浸泡15 min以上。（   ）
9. 自动变速器中的离合器与手动变速器中的离合器在功能和结构上是一样的。（   ）
10. 液力变矩器"锁止"的含义是把其内的导轮锁止不动,以提高传动效率。（   ）

二、单向选择题

1. 装备手动变速器的车辆,出现"发动机转动时挂挡困难或挂不上挡,熄火后却挂挡轻便"的现象,最可能的原因是(   )。
   A. 同步器磨损　　　　　　　　　B. 同步器卡滞
   C. 离合器分离不彻底　　　　　　D. 离合器打滑

2. 踩下离合器踏板,消除分离杆内端与分离轴承之间的间隙所需的离合器踏板行程,称为离合器踏板的(   )。
   A. 自由间隙　　　　　　　　　　B. 自由高度
   C. 自由行程　　　　　　　　　　D. 踏板高度

3. 离合器打滑的根本原因是(   )。
   A. 摩擦力矩小　　　　　　　　　B. 传动力矩小
   C. 发动机功率小　　　　　　　　D. 汽车负荷小

4. 万向传动装置异响的原因可能是(   )。
   A. 万向节磨损过大造成松旷　　　B. 转速过高
   C. 车速过高　　　　　　　　　　D. 驱动力过大

5. 汽车加速时,车速不能随发动机转速提高而改变,同时可嗅到焦臭味,此故障可能是(   )。
   A. 制动拖滞　　　　　　　　　　B. 离合器打滑
   C. 离合器分离不彻底　　　　　　D. 变速器脱挡

6. 液力变矩器的泵轮和涡轮转速差值愈大,则(   )。
   A. 输出转矩愈大　　　　　　　　B. 输出转矩愈小
   C. 效率愈高　　　　　　　　　　D. 输出功率愈大

7. 自动变速器的换挡执行元件中的单向离合器的主要作用是满足(　　)的需要。
   A. 换挡　　　　　　　　　　　　B. 改善换挡冲击
   C. 太高油压　　　　　　　　　　D. 机械锁止

8. 在自动变速器中,储压器的作用是在换挡时,使(　　)。
   A. 主油压平稳
   B. 节气门油压平稳
   C. 换挡执行元件的结合先慢后快
   D. 换挡执行元件的结合先快后慢

9. 在讨论变速器的安装时,技师甲说:离合器钢片应该涂上凡士林。技师乙说:在安装摩擦片之前应先把它泡在干净的 ATF 中。则(　　)。
   A. 甲的说法正确　　　　　　　　B. 乙的说法正确
   C. 甲、乙的说法均正确　　　　　D. 甲、乙的说法均不正确

10. 变速器通过不同的传动比啮合副改变(换挡),达到变换转速的目的,从而得到不同的(　　),保证汽车克服不同的道路阻力。
    A. 扭矩　　　　B. 力矩　　　　C. 转速　　　　D. 传动比

行驶系统与转向系统故障的诊断与排除

项目描述

行驶系统包括车架、车桥、车轮、悬架等。轿车行驶系统的特点是车架、车身为一体的承载式车身居多,悬架一般前为麦弗逊式、后为横向双摆臂式,弹性元件一般为螺旋弹簧,也有油气或空气弹簧,车轮一般为子午线轮胎、平底轮辋等。另外,轿车行驶系统除有前轮定位参数外,还有后轮定位参数(后轮外倾和后轮前束),统称为"四轮定位"。

目前轿车上所采用的转向系统都是动力转向系统,动力转向系统又可分为液压动力转向系统和电动助力动力转向系统。汽车所使用的动力转向系统,基本上是经修改的机械转向系统,主要是增加一个助力器,以帮助驾驶者转向操纵灵活、轻便。

在汽车运行过程中,行驶系统和转向系统的功能会逐渐下降,出现行驶跑偏、行驶系统异响、转向沉重、转向盘摆震等故障。为确保汽车能正常运行和安全行驶,对行驶系统和转向系统应及时进行检测、诊断和维修。

学习目标

1. 知识目标

(1) 熟悉行驶系统与转向系统常见故障的现象。
(2) 掌握行驶系统与转向系统常见故障的形成原因。
(3) 掌握行驶系统与转向系统故障诊断的基本程序。
(4) 掌握行驶系统与转向系统故障诊断时的注意事项。

2. 技能目标

(1) 针对所操作的汽车,能进行行驶系统与转向系统的实物与图纸的对应查找。
(2) 针对汽车的故障现象,可初步判断行驶系统与转向系统故障的原因或方向。
(3) 掌握汽车行驶系统与转向系统的零部件的检测方法。
(4) 能对行驶系统与转向系统的故障进行正确的诊断与排除。

任务一　行驶系统故障的诊断与排除

任务目标

能够对行驶系统的常见故障进行正确的诊断与排除。

必备知识

汽车行驶系统的常见故障有行驶跑偏、摆震、轮胎异常磨损、轮毂发热及异响等。行驶系统的故障与系统中各组成部分的技术状况有关，也与各组成部分之间的相对位置关系有关，另外，还与和行驶系统有关联的其他系统的工作质量有关。

一、行驶跑偏

1. 故障现象

车辆在直线行驶过程中，如果轻扶转向盘，车辆就会向一侧跑偏，需要不断校正方向才能正常行驶。

2. 故障原因

（1）两侧车轮行驶的线速度不等，如两前轮轮胎气压不等，轮胎滚动直径、花纹不等，轮毂轴承的预紧度不等，一侧车轮制动器不复位等。

（2）四轮定位不准，如车身倾斜、四轮定位参数不准、车桥移位等。

（3）横向稳定器工作不良，减震器失效或弹簧弹性衰减或弹簧折断。

3. 故障诊断与排除

行驶跑偏故障诊断流程如图9-1所示。

二、行驶中车身摆震

1. 故障现象

汽车在凹凸不平的路面上行驶时，整个车身会出现严重震动，或当车速超过一定值后，整个车身出现严重震动。

2. 故障原因

（1）轮胎气压不符合要求。

（2）轮胎磨损过甚或磨损不均匀。

（3）减震器漏油或失效。

（4）车轮动不平衡量超标。

（5）悬架系统弹性元件损坏。

3. 故障诊断与排除

（1）检查轮胎的充气及磨损情况。若轮胎磨损严重且气压不符合要求，则轮胎会失去其应有的缓冲和减震性能而导致车身摆震，使得乘坐舒适性不良；若轮胎磨损不均匀，则会导致轮胎高速失去动平衡而引起震动。

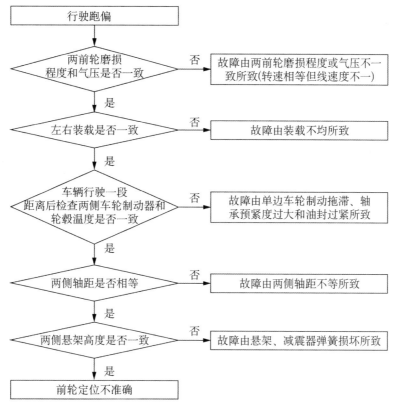

图 9-1 行驶跑偏故障诊断流程

（2）检查减震器。悬架的减震器多为不可拆卸式一次性部件。目视检查时，若减震器存在弯曲或严重的凹陷或刺孔，说明减震器损坏。就车检查时，可让汽车运行一段时间后停车，迅速用手触摸减震器筒体，若感到筒体发热、烫手，说明减震器工作正常，不缺油；若感到筒体不发热或温度变化不大，则说明减震器失效或缺油。

（3）检查悬架弹簧。目视检查弹簧是否有折断或损伤缺陷。

（4）检查悬架杆件连接处橡胶衬套是否老化或损坏，其连接部位间隙是否过大。

（5）检查车轮是否有明显变形，然后检测轮辋的径向圆和端面圆跳动量，以确诊轮辋变形是否超标，必要时对车轮进行动平衡检测以确认故障存在。

三、行驶异响

1. 故障现象

车辆行驶中，在车轮处发出"咯咯"声。车辆在转弯或遇到坑洼不平时发出"吭吭"的金属撞击声。

2. 故障原因

（1）轴承疲劳磨损严重。

(2) 轴承磨损后轴向尺寸减小,使轮毂靠近内侧,制动器发响。

(3) 悬架机构中的减震器胶套破损或脱落。

(4) 悬架各部件连接松动、安装不当或损坏。

3. 故障诊断与排除

(1) 检查悬架各部件的连接状况,若其松动、安装不当或损坏,应紧固、修复或更换。

(2) 检查减震器,若其工作不良或损坏,应予以修复或更换。

(3) 检查前轮轴承,若其松动或磨损,应予以调整或更换。

任务二 转向系统故障的诊断与排除

任务目标

能够对转向系统的常见故障进行正确的诊断与排除。

必备知识

转向系统的常见故障有转向沉重、转向不灵敏、单边转向不足、前轮摆震等。

一、转向沉重

1. 故障现象

汽车转向时,转动转向盘感到沉重费力,且无回正感。

2. 故障原因

(1) 转向器故障。转向器主动部分轴承过紧或从动部分与衬套配合过紧;转向器主、从动部分的啮合间隙过小;转向器缺油或无油;转向器的转向轴弯曲或套管凹瘪造成互相碰擦;转向盘弯曲变形;齿轮齿条转向器中齿轮与齿条啮合间隙过小。

(2) 转向传动机构故障。转向节主销后倾角过大、内倾角过大或前轮负外倾;转向横、直拉杆球头连接处连接过紧或缺油;转向节止推轴承缺油或损坏;转向节主销与转向节衬套配合过紧或缺油。

(3) 动力转向装置故障。液压助力泵皮带松动;油面过低;转阀、滑阀卡滞;转向助力泵压力不够或泄漏大;管路中有空气、管路接头泄漏;动力缸或分配阀密封圈损坏。

(4) 其他故障。轮胎气压不足;前轮定位调整不当;前轴或车架变形。

3. 故障诊断与排除

(1) 普通转向系统沉重故障诊断流程如图 9-2 所示。

(2) 动力转向系统转向沉重故障诊断流程如图 9-3 所示。

项目九　行驶系统与转向系统故障的诊断与排除

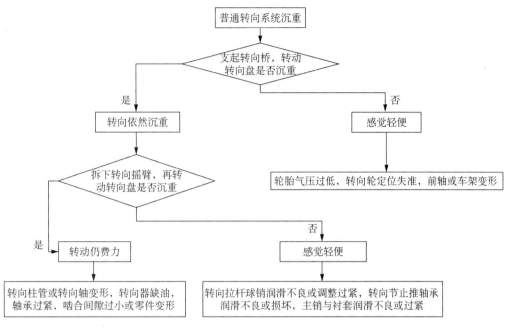

图 9-2　普通转向系统沉重故障诊断流程

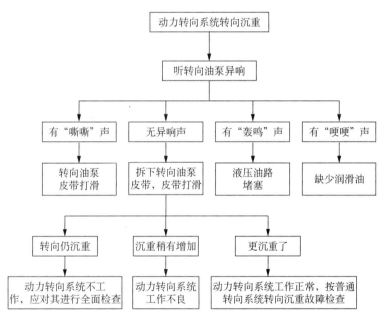

图 9-3　动力转向系统转向沉重故障诊断流程

二、转向不灵敏

1. 故障现象

汽车在行驶时,转向盘需要转过较大的角度才能控制汽车的行驶方向。

2. 故障原因

(1) 转向器故障。啮合副主、从动件配合间隙过大;转向器总成安装松动。

119

（2）转向传动机构故障。转向盘与转向轴连接部位松旷；转向垂臂与转向垂臂轴连接松旷（花键磨损）；横、直拉杆球头松旷；转向节主销与衬套磨损后松旷。

（3）其他故障。车架弯曲变形；前轮定位调整不当；车轮轮毂轴承间隙过大。

3. 故障诊断与排除

转向不灵敏故障诊断与排除流程如图9-4所示。

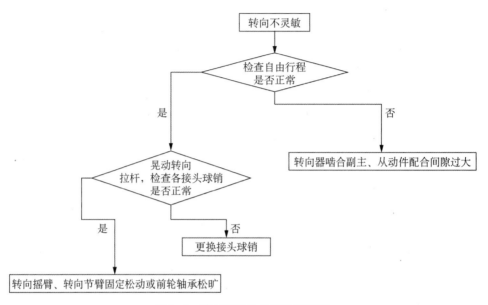

图 9-4　转向不灵敏故障诊断流程

三、单边转向不足

1. 故障现象

汽车转弯行驶时，左、右转弯量明显不均，一边转弯半径大，一边转弯半径小。

2. 故障原因

转向传动机件变形；转向角限位螺钉调整不当；转向垂臂在转向垂臂轴上的位置不当；直拉杆弯曲变形或长度调整不当；前钢板弹簧U形螺栓松动或折断；齿轮在齿条上不居中。

3. 故障诊断与排除

单边转向不足故障诊断流程如图9-5所示。

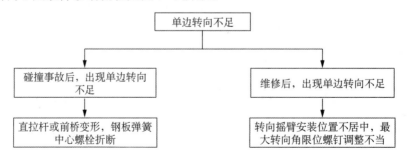

图 9-5　单边转向不足故障诊断流程

四、转向轮摆震

1. 故障现象

汽车摇摆分低速摇摆和高速摇摆。低速摇摆是汽车起步后,低车速(20 km/h 以下)行驶时,就感到前轮摇摆;高速摇摆是汽车高速行驶时,前轮摆动,此时转向盘抖动,手有发麻的感觉(俗称"打手"),影响操纵。

2. 故障原因

(1) 低速行驶时摇摆。前轮定位失准;汽车载货后,使重心后移;后轮气压不足;转向器总成螺栓松动;拉杆球头销磨损严重松动;转向节衬套磨损。

(2) 高速行驶时摇摆。前钢板弹簧因疲劳变形下沉或折断,改变了主销后倾角;前轮轮毂总成变形;钢板弹簧中心螺栓和 U 形螺栓松动;制动蹄摩擦片与制动鼓间隙调整不当或制动鼓失圆;转向盘游动间隙过大;传动轴、车轮总成动不平衡;减震器损坏失效。

(3) 动力转向部分。液压系统进入空气;分配阀反作用弹簧弹力不足或折断;转向油泵流量过大或溢流阀调整不当;液压系统严重缺油,使空气在油路中产生循环。

3. 故障诊断与排除

转向轮摆震故障诊断流程如图 9-6 所示。

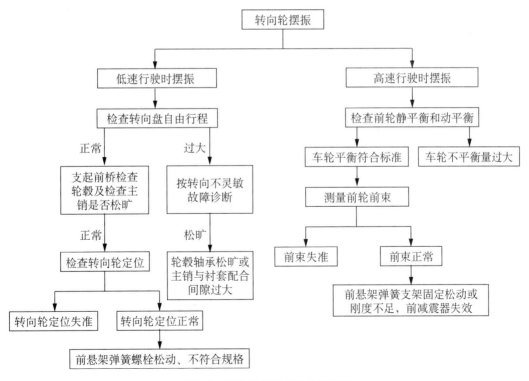

图 9-6 转向轮摆振故障诊断流程

行驶跑偏的故障诊断(行驶与转向系统故障)

班级		姓名		小组成员		日期	
1. 问诊 记录故障现象,填写接车问诊单。 故障现象:							
2. 检测 (1) 读取故障码,记录故障码内容。							
	故障码 1						
	故障码 2						
(2) 分析。根据故障码内容和故障现象,分析应该对哪些系统或零部件进行检查和检测。							
	部件名称						
	使用仪器						

(3) 检查和检测。

行驶系统的基本检查

检查项目	检查部位	检查方法	检查结果
泄露			
磨损			
松动			

四轮定位检测

检查项目			
检测结果			

转向系统的检查和检测

检查项目	检查部位	检查方法	检查结果
泄露			
磨损			
松动			

3. 诊断
根据检查和检测结果判断故障原因并进行验证。

4. 排除故障
写出排除故障的具体方法。

教师评语 评分	

项目九　行驶系统与转向系统故障的诊断与排除

学后测评

一、判断题

1. 轮式汽车改变行驶方向的方法是使汽车转向桥相对于汽车纵轴线偏转一定角度。（　　）
2. 动力转向实际上是依靠发动机输出的动力来帮助转向的。（　　）
3. 前轮前束的主要作用为产生稳定力矩，保证直线行驶的稳定性。（　　）
4. 减震器的运动速度越快，其阻力越大。（　　）
5. 汽车行驶速度越高，转向时电控转向助力系统产生的助力越小。（　　）
6. 油泵驱动皮带打滑会造成动力转向系统快速转向时沉重。（　　）
7. 对转向器做调整或维修之前，先仔细检查前轮定位、减震器、轮胎气压等转向系统可能出现问题的部位。（　　）
8. 转向时，油泵处出现噪声，可能由液压系统中的油量不足所致。（　　）
9. 电子控制的主动悬架系统在汽车转向时要提高悬架刚度以保证汽车行驶的稳定性。（　　）
10. 自动变速器打滑往往会伴有离合器或制动器摩擦片严重磨损或烧焦等现象。（　　）

二、单项选择题

1. 调整转向器齿轮齿条啮合间隙的目的是（　　）。
   A. 调整方向盘自由行程
   B. 调整转向轮的最大偏转角
   C. 既调整方向盘自由行程，又调整转向轮的最大偏转角
   D. 使两个前轮转向时的偏转角相同
2. 主销后倾角的主要作用是（　　）。
   A. 使汽车转向轻便
   B. 稳定力矩，保证直线行驶的稳定性
   C. 补偿轮胎侧滑的不良后果
   D. 适应载荷变化引起的轮胎异常磨损
3. 导致转向沉重的主要原因是（　　）。
   A. 前束太大　　　　　　　　　　B. 外倾角太大
   C. 主销后倾角太大　　　　　　　D. 转向半径不正确
4. 前独立悬架具有（　　）的作用。
   A. 保持车轮牢固定位　　　　　　B. 允许左右转向
   C. 吸收大部分转矩　　　　　　　D. 提供良好的行驶平顺性和稳定性
5. 汽车行驶速度越低，转向时电控转向助力系统产生的助力作用（　　）。
   A. 越小　　　　　　　　　　　　B. 越大
   C. 相同　　　　　　　　　　　　D. 不确定

6. 关于EPS电子控制动力转向系统的目的,甲说是为了使车辆低速时转向更轻便,乙说是为了使车辆高速时转向更稳当,那么(   )。

    A. 甲的说法正确   B. 乙的说法正确

    C. 两人的说法均正确   D. 两人的说法均不正确

7. 对于电子控制的主动悬架系统,甲说:汽车转向时要提高悬架刚度以保证汽车行驶的稳定性。乙说:汽车在起步时要提高悬架刚度以保证汽车行驶的稳定性。那么(   )。

    A. 甲的说法正确   B. 乙的说法正确

    C. 两人的说法均不正确   D. 两人的说法均正确

8. 对于电子控制的主动悬架系统,甲说:汽车高速行驶时车身高度要降低以保证汽车行驶的稳定性。乙说:汽车在连续差路行驶时要提高车身高度以保证汽车的通过性。那么(   )。

    A. 甲的说法正确   B. 乙的说法正确

    C. 两人的说法均不正确   D. 两人的说法均正确

9. 甲说:离合器、制动器的自有间隙过小会导致ATF易变质。乙说:ATF散热器管路堵塞会导致ATF易变质。那么(   )。

    A. 甲的说法正确   B. 乙的说法正确

    C. 两人的说法均不正确   D. 两人的说法均正确

制动系统故障的诊断与排除

项目描述

汽车制动系统的功用是:按照需要使汽车减速或在最短距离内停车,并保证制动过程的稳定性;下坡行驶时保持车速稳定;使停驶的汽车可靠驻停。

汽车制动系统是汽车中最重要的系统之一,它关乎着司机和乘客的生命安全,所以为确保汽车能正常运行和安全行驶,拥有一个工作状态良好的制动系统就显得尤为重要。

学习目标

1. 知识目标

(1) 熟悉制动系统常见故障的现象。
(2) 掌握制动系统常见故障的形成原因。
(3) 掌握制动系统故障诊断的基本程序。
(4) 掌握制动系统故障诊断时的注意事项。

2. 技能目标

(1) 针对所操作的汽车,能进行制动系统的实物与图纸的对应查找。
(2) 针对汽车的故障现象,可初步判断制动系统故障的原因或方向。
(3) 掌握汽车制动系统的零部件的检测方法。
(4) 能对制动系统的故障进行正确的诊断与排除。

任务 制动系统常见故障的诊断与排除

任务目标

能够对制动系统的常见故障进行正确的诊断与排除。

必备知识

汽车制动系统的常见故障有制动失效、制动不良、制动跑偏、制动拖滞及驻车制动失效等。下面主要针对液压制动系统的常见故障进行分析。

一、制动失效

1. 故障现象

踩下制动踏板,车辆不减速,即使连续几脚制动汽车也无明显减速。

2. 故障原因

(1) 制动踏板至制动主缸的连接松脱。

(2) 制动储液室制动液严重不足或无制动液。

(3) 制动管路破裂漏油。

(4) 制动主缸皮碗破裂。

3. 故障诊断与排除

制动失效故障诊断流程如图 10-1 所示。

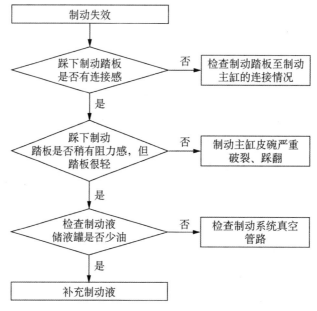

图 10-1 制动失效故障诊断流程

二、制动不良

1. 故障现象

(1) 汽车制动时,踩一次制动踏板不能减速或停车,连续踩几次制动踏板,效果也不好。

(2) 汽车紧急制动时,制动距离过长。

2. 故障原因

(1) 制动踏板自由行程过大。

(2) 制动管路内进入空气或制动液气化产生了气阻。

(3) 制动主缸储液室内存油不足或无油。

(4) 制动主缸、轮缸、管路或管接头漏油；制动主缸、轮缸的活塞及缸筒磨损过度；制动主缸、轮缸的皮碗老化或磨损引起密封不良；制动主缸的进油孔、储液室的通气孔堵塞；制动主缸的出油阀、回油阀不密封；活塞复位弹簧预紧力太小；活塞前端贯通小孔堵塞。

(5) 制动器有故障。制动器的制动鼓与制动蹄片间隙不当；制动鼓与制动蹄片接触面积太小；制动蹄片质量不佳或沾有油污，制动蹄片铆钉松动；制动盘翘曲变形；制动鼓产生沟槽磨损或失圆，制动时变形。

(6) 真空助力器有故障。真空管路接头松动、脱落，管路有破裂处；真空助力气室膜片破裂或者密封圈密封不良；单向阀、控制阀密封不良；辅助缸活塞、皮碗磨损过甚；单向球阀不密封。

3. 故障诊断与排除

制动不良故障诊断流程如图 10-2 所示。

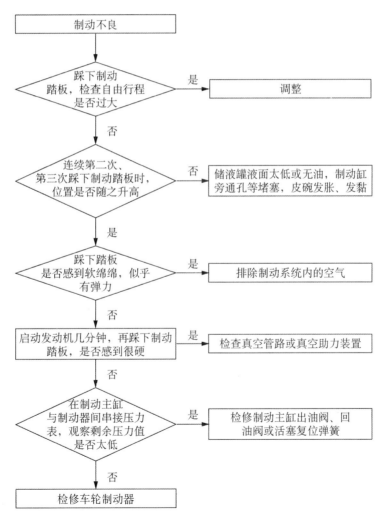

图 10-2　制动不良故障诊断流程

三、制动跑偏

1. 故障现象

(1) 汽车行驶制动时,行驶方向发生偏斜。

(2) 紧急制动时出现偏头或甩尾现象。

2. 故障原因

(1) 左右车轮轮胎气压、花纹或磨损程度不一致。

(2) 左右车轮轮毂轴承松紧不一、个别轴承破损。

(3) 左右车轮的制动蹄摩擦衬片材料不一或新旧程度不一。

(4) 左右车轮制动蹄摩擦片与制动鼓的接触面积、位置不一样或制动间隙不等。

(5) 左右车轮轮缸的技术状况不一,造成制动起作用时间或张力大小不相等。

(6) 左右车轮制动鼓或制动盘的厚度、直径、工作中的变形程度和工作面的粗糙度不一。

(7) 单边制动管路凹瘪、阻塞或漏油,单边制动管路或轮缸内有气阻。

(8) 单边制动蹄与支承销配合过紧或锈蚀。

(9) 前轮定位失准;车架、车桥在水平平面内弯曲,车架两边的轴距不等;一侧悬架弹簧折断或弹力过低。

3. 故障诊断与排除

制动跑偏故障诊断流程如图 10-3 所示。

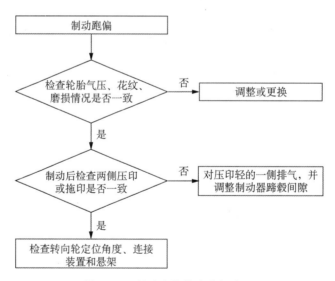

图 10-3 制动跑偏故障诊断流程

四、制动拖滞

1. 故障现象

汽车制动后抬起制动踏板时,车辆行驶无力,起步困难,有制动感,制动鼓或制动钳有大量发热的情况。

2. 故障原因

（1）个别车轮制动鼓出现过热，一般是因为制动鼓与摩擦片的间隙过小，制动蹄的回位弹簧过软，制动分泵的皮碗发胀或活塞卡滞，制动软管发胀、阻塞所致。

（2）全部车轮制动鼓都发热的原因是：制动总泵旁通孔或回油孔被堵塞；制动液太脏或黏度过大，使回油困难；制动总泵或分泵的皮碗和皮圈老化、变形或卡滞；制动总泵回位弹簧过软或折断，或因磨损过度而卡滞；制动踏板无自由行程或自由行程过小。

3. 故障分析、诊断与排除

（1）车辆行驶一段路程后，用手触摸各车轮制动鼓，若全部制动鼓都发热，说明故障发生在制动总泵；若个别车轮发热，则说明故障发生在车轮制动器。

（2）若故障在总泵，应首先检查踏板自由行程。若自由行程符合要求，可将总泵储油室盖打开，并连续踏下和放松制动踏板，看其回油情况。如不能回油，则为回油孔堵塞；如回油缓慢，则是皮碗、皮圈发胀或回位弹簧无力，应拆下制动总泵分解检修。同时还应观察踏板回位情况，如踏板不能迅速回位或回不到原位，说明踏板回位弹簧过软或折断，应更换。

（3）若故障在车轮制动器，应先拧松放气螺钉，若制动液急速喷出，制动蹄回位，则为油管堵塞，分泵不能回油所致，应疏通油管。如果制动蹄仍不回位，则应调整摩擦片至制动鼓之间的间隙。

（4）若经上述检修和调整后均无效，应拆下制动鼓，检查分泵活塞皮碗与回位弹簧的状况以及制动蹄片销的活动情况，必要时进行修复或更换。

制动失灵的故障诊断（制动系统故障）

班级		姓名		小组成员		日期	
1. 问诊 记录故障现象，填写接车问诊单。 故障现象：							
2. 检测 (1) 读取故障码，记录故障码内容。							
故障码1							
故障码2							
(2) 分析。根据故障码内容和故障现象，分析应该对哪些系统或零部件进行检查和检测。							
部件名称							
使用仪器							

续　表

(3) 检查和检测。

制动系统的基本检查

检查项目	检查部位	检查方法	检查结果
泄露			
磨损			
松动			

轮速传感器和信号发生器的检查和检测

检查项目				
检测结果				

3. 诊断
根据检查和检测结果判断故障原因并进行验证。

4. 排除故障
写出排除故障的具体方法。

教师评语 评分	

学后测评

一、判断题

1. 汽车上采用的车轮制动器是利用摩擦来产生制动的。（　　）
2. 制动系统（ABS）工作时，制动压力调节器会控制各制动轮缸不断增压、保压、减压。（　　）
3. 因 ABS 限制车轮抱死，所以其制动距离会比普通制动距离大。（　　）
4. 汽车制动时，后轮先抱死比前轮先抱死安全。（　　）
5. 制动器的制动力越大，地面制动力也越大。（　　）
6. 制动距离是指紧急制动时，从制动器起作用到完全停车为止汽车行驶过的距离。（　　）
7. 盘式制动器优于鼓式制动器的主要方面是制动力大。（　　）
8. 配置 ABS 的车辆在紧急制动时制动踏板产生脉动并有"哒哒"的响声，属正常现象。（　　）
9. ABS 灯亮表明系统停止工作，但制动助力不受影响。（　　）
10. 发动机启动后，ABS 警报灯应在几秒后熄灭，并在 ABS 工作时闪烁。（　　）

二、单项选择题

1. 关于 ABS，下列说法错误的是（　　）。

A. 可将车轮滑动率控制在较为理想的范围内
B. 可使制动力最大
C. 在积雪路面,可使制动距离缩短
D. 可提高轮胎寿命

2. 制动时汽车跑偏的根本原因是( )。
A. 左右车轮制动力不相等
B. 前束值不适当
C. 路面附着力左右不一致
D. 制动时车轮抱死

3. 造成 ABS 间歇性故障的原因是( )。
A. 插头接触不良
B. 车轮转速传感器损坏
C. 电磁阀损坏
D. 线路短路或断路

4. 制动时,汽车左右转向轮制动器制动力不相等,会引起( )。
A. 汽车跑偏　　　B. 汽车车轮滑转　　　C. 汽车侧滑　　　D. 汽车车轮滑移

5. "制动侧滑"是指汽车制动时( )。
A. 某一轴车轮或两轴车轮发生横向滑移现象
B. 某一轴车轮或两轴车轮发生纵向滑移现象
C. 发生偏离行驶方向的现象
D. 发生车轮急剧滑转现象

6. 对于 ABS 中的制动压力调节器,下列说法正确的是( )。
A. 制动压力调节器用来调整制动总泵的油压
B. 制动压力调节器用来调整制动分泵的油压
C. 制动压力调节器用来调整制动总泵和分泵的油压
D. 制动压力调节器用来调整整个制动系统中的油压

7. 制动时汽车方向稳定性不足的现象是( )。
A. 制动时转向盘发抖
B. 制动时汽车发生跑偏
C. 制动时汽车产生异响
D. 制动时汽车失去转向能力

8. 汽车制动时的地面制动力首先取决于( )。
A. 路面状况　　　B. 轮胎状况　　　C. 制动器的制动力　　　D. 制动踏板力

9. 汽车的( )是较为实用且方便的制动效能评价指标。
A. 制动减速度　　　B. 制动时间　　　C. 制动距离　　　D. 地面制动力

10. 对车轮抱死的后果,下列说法正确的是( )。
A. 制动距离短
B. 制动的方向性、稳定性变差
C. 汽车发生跑偏
D. 转向盘不能转动